ASUKA CULTURE

中学3年分の英文法が10日間で身につく〈コツと法則〉

長沢寿夫
NAGASAWA TOSHIO

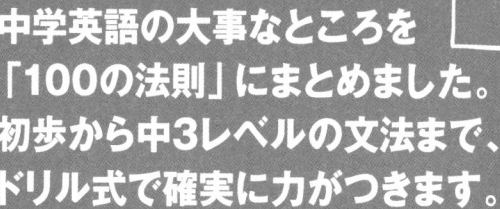

中学英語の大事なところを
「100の法則」にまとめました。
初歩から中3レベルの文法まで、
ドリル式で確実に力がつきます。

日香出版社

はじめに

　こんにちは、長沢寿夫です。

　英語が得意になるかどうかは、英語を勉強する上で、ほとんどの人が、つまずくところをよく知っている人に習うことができるかどうかにかかっています。

　この本では、どのようにすれば、英語がわかるようになるかを、皆さんにわかりやすく、勉強していただけるように法則化したものです。

　つづりの書き方や読み方から始めて、英語を勉強するコツと、中学校で習うほとんどすべての文法を法則化してありますので、だれでもこの本を手にとっていただければ、いつの間にか英語が得意になっているあなたに気がつくでしょう。

　とにかく、一日10法則ずつ勉強していただけると10日間で中学英文法がマスターできます。

　最後に、私の好きな言葉を贈ります。
『喜びをもって勉強すれば、喜びもまたきたる。』

長沢寿夫

目　次

Part 1	英単語のつづりと読み方のコツがわかる	5
	（法則 1～6）	
Part 2	英語のしくみがわかる	21
	（法則 7～13）	
Part 3	英文法の基本を身につける	37
	（法則 14～34）	
Part 4	いろいろな英文の作り方がわかる	81
	（法則 35～56）	
Part 5	比較級、最上級がわかる	127
	（法則 57～67）	
Part 6	不定詞、動名詞がわかる	151
	（法則 68～80）	
Part 7	受け身（受動態）がわかる	179
	（法則 81～87）	
Part 8	現在完了がわかる	195
	（法則 88～92）	
Part 9	関係代名詞がわかる	207
	（法則 93～100）	

　　　　　　　　　カバーデザイン　　　株式会社ヴァイス　目黒眞

Part 1

英単語のつづりと
読み方のコツがわかる
〈法則1〜6〉

1 英単語のつづりと読み方（1）

> **法則1**
>
> アルファベットの a, i, u, e, o 以外で文字が
> 1文字だけの場合、「ウ段」の音で読むとよい。

アルファベットの **a, i, u, e, o** 以外の文字が1文字だけできている場合はウ段で読むとよいのです。

(例)
- **b** はビー、バビブと考えて［ブ］と読みます。
- **d** はディー、ダディドゥと考えて［ドゥ］と読みます。
- **p** はピー、パピプと考えて［プ］と読みます。
- **m** はエム、マミムと考えて［ム］と読みます。
- **n** はエンヌ、ナニヌと考えて［ンヌ］と読みます。

このように考えるとすぐにわかるのですが、一覧表にしておきます。アルファベットによっては2つの読み方があるものもあります。

b（ブ）	**c**（ス、ク）	**d**（ドゥ）	**f**（フ）	**g**（グ、ジュ）
j（ジュ）	**k**（ク）	**l**（ル、オ）	**m**（ン、ム）	**n**（ンヌ）
p（プ）	**q**（ク）	**r**（ゥル）	**s**（ス、ズ）	**t**（トゥ）
v（ヴ）	**w**（ウ）	**x**（クス）	**y**（アーィ、イ）	**z**（ズ）

英語の単語のほとんどは、ローマ字とこの表をうまく使うと、だいたい読めます。
- **ta x** ならば ［タ］＋［クス］＝［タックス］
- **bo x** ならば ［ボ］＋［クス］＝［ボックス］
- **Re x** ならば ［ゥレ］＋［クス］＝［ゥレックス］
- **To m** ならば ［ト］＋［ム］＝［トム］
- **my** ならば ［マーィ］
- **To ny** ならば ［トーゥ］＋［ニ］＝［トーゥニ］
- **pe n** ならば ［ペ］＋［ンヌ］＝［ペンヌ］

確認ドリル

1 次のアルファベットを英語読みで読んでください。[ ]に読み方を書いてください。

(1) **b** [　]　(2) **c** [　、　]　(3) **d** [　]
(4) **f** [　]　(5) **g** [　、　]　(6) **j** [　]
(7) **k** [　]　(8) **l** [　、　]　(9) **m** [　、　]
(10) **n** [　]　(11) **p** [　]　(12) **q** [　]
(13) **r** [　]　(14) **s** [　、　]　(15) **t** [　]
(16) **v** [　]　(17) **w** [　]　(18) **x** [　]
(19) **y** [　、　]　(20) **z** [　]

2 次の英語の単語を読んでください。読みを[ ]に書いてください。

(1) **ten** = [　] + [　] = [　　　]
(2) **milk** = [　] + [　] + [　] = [　　　]
(3) **animal** = [　] + [　] + [　] + [　] = [　　　]
(4) **dog** = [　] + [　] = [　　　]
(5) **bed** = [　] + [　] = [　　　]
(6) **next** = [　] + [　] + [　] = [　　　]

Part 1　英単語のつづりと読み方のコツがわかる

解答

1 (1) [ブ]　(2) [ス、ク]　(3) [ドゥ]　(4) [フ]　(5) [グ、ジュ]
(6) [ジュ]　(7) [ク]　(8) [ル、オ]　(9) [ン、ム]　(10) [ンヌ]
(11) [プ]　(12) [ク]　(13) [ゥル]　(14) [ス、ズ]　(15) [トゥ]
(16) [ヴ]　(17) [ウ]　(18) [クス]　(19) [アーィ、イ]　(20) [ズ]

2 (1) [テ] + [ンヌ] = [テンヌ]　(2) [ミ] + [オ] + [ク] = [ミオク]
(3) [ア] + [ニ] + [マ] + [オ] = [アニマオ]
(4) [ド] + [グ] = [ドッグ]　(5) [ベ] + [ドゥ] = [ベッドゥ]
(6) [ネ] + [クス] + [トゥ] = [ネクストゥ]

ここが大切

英語ではアクセント（強く言うところ）があるために **bed** [ベドゥ]を[ベッドゥ]、**dog** [ドグ]を[ドッグ]と読みます。

2 英単語のつづりと読み方 (2)

> **法則2**
>
> 英語では、「la, li, lu, le, lo」は「ラ、リ、ル、レ、ロ」、「ra, ri, ru, re, ro」は「ゥラ、ゥリ、ゥル、ゥレ、ゥロ」、l だけならば「オ」と読む。

ローマ字では、「ラ、リ、ル、レ、ロ」を「ra, ri, ru, re, ro」と表すと習いますが、英語では次のように覚えてください。

　　ラ、リ、ル、レ、ロ　→　**la, li, lu, le, lo**
　　ゥラ、ゥリ、ゥル、ゥレ、ゥロ　→　**ra, ri, ru, re, ro**

l の正しい発音の仕方は、上の歯ぐきの裏に舌をつけて、ラリルレロと言えば la, li, lu, le, lo の音を出すことができます。それに対して、r の正しい発音の仕方はゥと軽く言いながらラリルレロと言うと、ra, ri, ru, re, ro の音を出すことができます。

ここをまちがえる

l だけが単独でくるときは、l を [オ] と発音してください。
　milk [ミオク]

l の次に a, i, u, e, o がきているときは、ローマ字と同じように考えてください。
　Linda [リンダ]

ここがおもしろい

table は e の音を発音しないので [teibl] のように発音します。すると l が単独できているので **tei** [テーィ] **bl** [ボー] と発音することになります。聞いている人には、**table** は [テーィボー] と聞こえます。

確認ドリル

1 次のつづりの読み方を [　] の中に書いてください。

(1) **ra** [　]　(2) **ri** [　]　(3) **ru** [　]　(4) **re** [　]
(5) **ro** [　]　(6) **la** [　]　(7) **li** [　]　(8) **lu** [　]
(9) **le** [　]　(10) **lo** [　]　(11) **l** [　、　]

2 次の英語の読み方を [　] の中に書いてください。

(1) **Rex** [　] + [　] = [　　]
(2) **Linda** [　] + [　] + [　] = [　　]
(3) **animal** [　] + [　] + [　] + [　] = [　　]
(4) **milk** [　] + [　] + [　] = [　　]

3 次の英語の読み方を [　] の中に書いてください。

ヒント　al [オー]　l [オ]

(1) **all** [　] + [　] = [　　]
(2) **small** [　] + [　] + [　] = [　　]
(3) **tall** [　] + [　] = [　　]
(4) **ball** [　] + [　] = [　　]

解答

1 (1) [ゥラ]　(2) [ゥリ]　(3) [ゥル]　(4) [ゥレ]　(5) [ゥロ]
(6) [ラ]　(7) [リ]　(8) [ル]　(9) [レ]　(10) [ロ]　(11) [ル、オ]

2 (1) [ゥレ] + [クス] = [ゥレックス]
(2) [リ] + [ン] + [ダ] = [リンダ]
(3) [ア] + [ニ] + [マ] + [オ] = [アニマオ]
(4) [ミ] + [オ] + [ク] = [ミオク]

3 (1) [オー] + [オ] = [オーオ]　(2) [ス] + [モー] + [オ] = [スモーオ]
(3) [トー] + [オ] = [トーオ]　(4) [ボー] + [オ] = [ボーオ]

ここが大切

animal は実際には [ェァニマオ] のように発音します。

Part 1　英単語のつづりと読み方のコツがわかる

3 英単語のつづりと読み方 (3)

> **法則3**
>
> a△e, i△e, u△e, e△e, o△e は、「エーィ」、「アーィ」、「ユー」または「ウー」、「イー」、「オーゥ」と読む。

英語はローマ字とちがった読み方をします。
次の一覧表を見て確認してください。

ローマ字読み		アルファベット（英語読み）
a	［ア］ name ［ナメ］	**a△e** ［エーィ］ name ［ネーィム］
i	［イ］ pie ［ピエ］	**i△e** ［アーィ］ pie ［パーィ］
u	［ウ］ dune ［デュネ］	**u△e** ［ユー］または［ウー］ dune ［デューンヌ］
e	［エ］ tee ［テエ］	**e△e** ［イー］ tee ［ティー］
o	［オ］ bone ［ボネ］	**o△e** ［オーゥ］ bone ［ボーゥンヌ］

英語の読み方についてくわしく説明します。

たとえば「タイム」を英語のつづり字にしたいときは、次のように考えます。

まずローマ字にします。

［ローマ字］ 「タイム」 ⇒ taimu

u を消すことによって英語の音にします。

［英語の音］ taim
［法則］ ti △e
［英語のつづり］ time

ここが大切

ローマ字—最後にくる ［a, i, u, e, o］ =［英語の音］

 taimu — u =［taim］
 nouto — o =［nout］

確認ドリル

1 カタカナで書いた単語を、次の指示にしたがって下線のところに正しいと思う答えを書いてください。次の例を参考にして考えてください。

(例) タイム

　　　　[ローマ字]　　**taimu**
　　　　[u を消して]　**taim**
　　　　[法則]　　　　**i△e**
　　　　[英単語]　　　**time**

(1) ネイム　(a) [ローマ字]　　＿＿＿＿＿＿＿
　　　　　　(b) [u を消して]　＿＿＿＿＿＿＿
　　　　　　(c) [法則]　　　　＿＿＿＿＿＿＿
　　　　　　(d) [英単語]　　　＿＿＿＿＿＿＿

(2) バイク　(a) [ローマ字]　　＿＿＿＿＿＿＿
　　　　　　(b) [u を消して]　＿＿＿＿＿＿＿
　　　　　　(c) [法則]　　　　＿＿＿＿＿＿＿
　　　　　　(d) [英単語]　　　＿＿＿＿＿＿＿

(3) ノウト　(a) [ローマ字]　　＿＿＿＿＿＿＿
　　　　　　(b) [o を消して]　＿＿＿＿＿＿＿
　　　　　　(c) [法則]　　　　＿＿＿＿＿＿＿
　　　　　　(d) [英単語]　　　＿＿＿＿＿＿＿

解答

1 (1) (a) **neimu**　(b) **neim**　(c) **a△e**　(d) **name**
　　(2) (a) **baiku**　(b) **baik**　(c) **i△e**　(d) **bike**
　　(3) (a) **nouto**　(b) **nout**　(c) **o△e**　(d) **note**

4 英単語のつづりと読み方 (4)

> **法則 4**
>
> **al** は「オー」、**or** は「ァァ」と読む。

英語のつづりと発音には、とても深い関係があります。次のように覚えると、英語のつづりと音の関係がよくわかります。

(1) **a** は [オ]
(2) **l** は [オ]
(3) **o** は [ア]
(4) **r** は [ア]

このように覚えると、次のような英語の単語が簡単に読めるようになります。

a [オ] + **l** [オ] = **al** [オー]
o [ア] + **r** [ア] = **or** [ァァ]

(例)

話す	**talk** = tal [トー] + k [ク] = **talk** [トーク]
歩く	**walk** = wal [ウォー] + k [ク] = **walk** [ウォーク]
小さい	**small** = s [ス] + mal [モー] + l [オ] = **small** [スモーオ]
かべ	**wall** = wal [ウォー] + l [オ] = **wall** [ウォーオ]
ボール	**ball** = bal [ボー] + l [オ] = **ball** [ボーオ]
〜を呼ぶ	**call** = cal [コー] + l [オ] = **call** [コーオ]
単語	**word** = wor [ワァ] + d [ドゥ] = **word** [ワァドゥ]
働く	**work** = wor [ワァ] + k [ク] = **work** [ワァク]
虫	**worm** = wor [ワァ] + m [ム] = **worm** [ワァム]
世界	**world** = wor [ワァ] + l [オ] + d [ドゥ] = **world** [ワァオドゥ]

> **ここが大切**

[ワァ] と書いてあるときは、[ワ〜] と同じと考えてください。ウの音を出すときの口の大きさで [ワ〜] と言ってください。

確認ドリル

1 次の [ ] に読み方を書いてください。

(ア) **a** は [ ]　(イ) **l** は [ ]　(ウ) **o** は [ ]
(エ) **r** は [ ]　(オ) **al** は [ ]　(カ) **or** は [ ]

2 次の [ ] に読み方を書いてください。

(ア) **talk** = tal [ ] + k [ ] = **talk** [ ]
(イ) **walk** = wal [ ] + k [ ] = **walk** [ ]
(ウ) **small** = s [ ] + mal [ ] + l [ ] = **small** [ ]
(エ) **wall** = wal [ ] + l [ ] = **wall** [ ]
(オ) **ball** = bal [ ] + l [ ] = **ball** [ ]
(カ) **call** = cal [ ] + l [ ] = **call** [ ]
(キ) **word** = wor [ ] + d [ ] = **word** [ ]
(ク) **work** = wor [ ] + k [ ] = **work** [ ]
(ケ) **worm** = wor [ ] + m [ ] = **worm** [ ]
(コ) **world** = wor [ ] + l [ ] + d [ ] = **world** [ ]

解答

1 (ア) [オ]、(イ) [オ]、(ウ) [ア]、(エ) [ア]、(オ) [オー]
(カ) [アァ]

2 (ア) [トー]、[ク]、[トーク]　(イ) [ウォー]、[ク]、[ウォーク]
(ウ) [ス]、[モー]、[オ]、[スモーオ]　(エ) [ウォー]、[オ]、[ウォーオ]
(オ) [ボー]、[オ]、[ボーオ]　(カ) [コー]、[オ]、[コーオ]
(キ) [ワァ]、[ドゥ]、[ワァドゥ]　(ク) [ワァ]、[ク]、[ワァク]
(ケ) [ワァ]、[ム]、[ワァム]
(コ) [ワァ]、[オ]、[ドゥ]、[ワァオドゥ]

Part 1　英単語のつづりと読み方のコツがわかる

5 英単語のつづりと読み方 (5)

法則5

**ar は、口を大きくあけて「アー」、
ir, ur, er, or は、口を小さくあけて「ァァ」と読む。**

(1) 英語では **ar** となっていると [アー] と口を大きくあけて発音することが多いのです。たまに [オー] と発音することもあります。

(2) 大きな口で発音する **ar** に対して、**ir, ur, er, or** は、口を小さくあけて発音することが一般的です。

（例）

  car = car [カー]
  star = s [ス] + tar [ター] = **star** [スター]
  barn = bar [バー] + n [ンヌ] = **barn** [バーンヌ]
  bird = bir [バァ] + d [ドゥ] = **bird** [バァドゥ]
  girl = gir [ガァ] + l [オ] = **girl** [ガァオ]
  church = chur [チァ〜] + ch [チ] = **church** [チァ〜チ]
  turn = tur [タァ] + n [ンヌ] = **turn** [タァンヌ]
  term = ter [タァ] + m [ム] = **term** [タァム]
  her = her [ハァ]
  word = wor [ワァ] + d [ドゥ] = **word** [ワァドゥ]
  work = wor [ワァ] + k [ク] = **work** [ワァク]

ここが大切

[ɑːr] は [アー] と縦に大きく口をあけて [アー] と言います。

[əːr] は [ァァ] または [ア〜] とこの本では書いています。ウと言う場合の口の大きさで [ァァ] または [ア〜] と言ってください。

確認ドリル

1 次のつづりをどう読めばよいのかを考えて、[ ]に適当な読み方を書いてください。

(ア) **ir** [　　] 　(イ) **ur** [　　] 　(ウ) **er** [　　]
(エ) **or** [　　] 　(オ) **ar** [　　]

2 次の[ ]に適当な読み方を書いてください。

(ア) **car** = [　　　　]
(イ) **star** = s [　　] + tar [　　] = **star** [　　　　]
(ウ) **barn** = bar [　　] + n [　　] = **barn** [　　　　]
(エ) **bird** = bir [　　] + d [　　] = **bird** [　　　　]
(オ) **girl** = gir [　　] + l [　　] = **girl** [　　　　]
(カ) **church** = chur [　　] + ch [　　] = **church** [　　　　]
(キ) **turn** = tur [　　] + n [　　] = **turn** [　　　　]
(ク) **term** = ter [　　] + m [　　] = **term** [　　　　]
(ケ) **her** = [　　　　]
(コ) **word** = wor [　　] + d [　　] = **word** [　　　　]
(サ) **work** = wor [　　] + k [　　] = **work** [　　　　]

解答

1 (ア)［ァァ］、(イ)［ァァ］、(ウ)［ァァ］、(エ)［ァァ］、(オ)［アー］

2 (ア)［カー］
　　(イ)［ス］、［ター］、［スター］
　　(ウ)［バー］、［ンヌ］、［バーンヌ］
　　(エ)［バァ］、［ドゥ］、［バァドゥ］
　　(オ)［ガァ］、［オ］、［ガァオ］
　　(カ)［チャ〜］、［チ］、［チャ〜チ］
　　(キ)［タァ］、［ンヌ］、［タァンヌ］
　　(ク)［タァ］、［ム］、［タァム］
　　(ケ)［ハァ］
　　(コ)［ワァ］、［ドゥ］、［ワァドゥ］
　　(サ)［ワァ］、［ク］、［ワァク］

Part 1 英単語のつづりと読み方のコツがわかる

6 英単語のつづりと読み方（6）

> **法則6**
>
> a, i, u, e, o のいずれかの組み合わせで文字が2つ続くとき、1つ目の文字だけアルファベット読みをすることがある。

英語では、**ie, ue, ee, oe, oa, eo, ai** のように a, i, u, e, o が2つ続くときは1つ目の文字をアルファベット読みをすることがよくあります。

u だけはユーまたはウーのどちらかの読み方をしますが、ウーと読むことが多いようです。

（例）

tie ならば **ie** の **e** を読まずに **i** だけを［ァーィ］と読むので **tie** を［ターィ］と読みます。

teen ならば **ee** の2つ目の **e** を読まずに **e** だけを［ィー］と読むので **teen** を［ティーンヌ］と読みます。

toe ならば **oe** の **e** を読まずに **o** だけを［オーゥ］と読むので **toe** を［トーゥ］と読みます。

blue ならば **ue** の **e** を読まずに **u** だけを［ゥー］と読むので **blue** を［ブルー］と読みます。

次のような場合もあります。

oa ならば［オーゥ］、**eo** ならば［ィー］、**ai** ならば［エーィ］

（例）

boat	［ボーゥトゥ］	ボート
road	［ゥローゥドゥ］	道路
goal	［ゴーゥオ］	ゴール・目標
people	［ピーポー］	人々
rain	［ゥレーィンヌ］	雨・雨が降る
paint	［ペーィントゥ］	ペンキを塗る

確認ドリル

1 次の英語を左の法則にしたがってどんどん読んでみてください。
[　]の中に読み方を書いてください。

(ア) lie　　[　　　]　　(イ) tie　　[　　　]
(ウ) pie　　[　　　]　　(エ) pea　　[　　　]
(オ) team　[　　　]　　(カ) tea　　[　　　]
(キ) blue　[　　　]　　(ク) glue　 [　　　]
(ケ) toe　　[　　　]　　(コ) people [　　　]
(サ) tee　　[　　　]

解答
1 (ア) [ラーィ]　(イ) [ターィ]　(ウ) [パーィ]　(エ) [ピー]
　　(オ) [ティーム]　(カ) [ティー]　(キ) [ブルー]　(ク) [グルー]
　　(ケ) [トーゥ]　(コ) [ピーポー]　(サ) [ティー]

これだけは覚えましょう
(ア) lie　横たわる　　(イ) tie　ネクタイ、〜をむすぶ
(ウ) pie　パイ　　(エ) pea　豆　　(オ) team　チーム
(カ) tea　茶　　(キ) blue　青、青い　　(ク) glue　のり
(ケ) toe　足のゆび　(コ) people　人々　(サ) tee　T

Part 1　英単語のつづりと読み方のコツがわかる

○ 発音の読みかた

〔æ〕〔ェァ〕エの口の形でアと言えば、この音を出せます。
〔v〕〔ヴ〕下くちびるをかむようにしてブと言えば〔ヴ〕の音を出せます。
〔f〕〔フ〕下くちびるをかむようにしてフと言えば、〔フ〕の音を出せます。
〔əːr〕〔ア〜〕口を小さく開けて〔ア〜〕と言います。
〔ɑːr〕〔アー〕口を大きく開けて〔アー〕と言います。
〔l〕はこの本では〔ォ〕と表記しています。舌を上の歯ぐきのうらにつけて発音します。
〔r〕〔ゥル〕ウと軽く言いながらルと言えば〔ゥル〕の音を出せます。
〔dz〕〔ts〕ツの音をにごらせた〔ヅ〕の音で発音してください。
〔z〕スの音をにごらせた〔ズ〕の音で発音してください。**th** の音を表す〔θ〕〔す〕と〔ð〕〔ず〕はひらがなで表しています。
〔θ〕舌先を上の歯の裏側に軽くあてて〔す〕と言うつもりで息を出すと〔θ〕の音が出ます。声を出すと〔ð〕の音が出ます。
〔j〕〔ぃ〕日本語でイーと言いながら、舌の先をあごの天井すれすれまで近づけて口の両端を左右に引くとこの音を出せます。
〔・〕の記号は音の省略の記号として使っています。
　〜**ing**〔iŋ〕〔イン・〕グの音は言わない方が英語らしく発音できます。

big book→〔**big buk**〕〔ビッ・ブック〕**g** と **b** がローマ字読みできないときは、**g** を発音しない方が英語らしく聞こえるので、〔・〕をつけてあります。

That is〔ゼァッティズ〕は人によっては〔ゼァッリィズ〕と発音されることがあります。同じように〔タ、ティ、トゥ、テ、ト〕が〔ラ、リ、ル、レ、ロ〕のように発音されることがあります。

母音(ア、イ、ウ、エ、オ)が2つ続いているときは、前の母音を強く言ってから2つめの母音を軽くつけくわえるように発音します。

〔ei〕〔エーィ〕　〔ou〕〔オーゥ〕

〔ai〕〔アーィ〕　〔au〕〔アーゥ〕

Part 2

英語のしくみがわかる
〈法則 7〜13〉

1 英語の語順(1)

> 法則7
>
> **英語は「ことばのキャッチボール」。**
> **英語は動詞を、日本語は名詞を大切にする。**

英語は、ことばのキャッチボールのように並べてあるということを知ってください。このことを知らないと、とんでもない時間を英語についやしても、英語がわかるようにはなりません。英語は動詞を大切にするのに対して、日本語は名詞を大切にするということを知っておきましょう。

<u>英語</u>を<u>話す</u> → **speak**(〜を話す) 〈何を〉 **English**(英語)
 1 　2 　　　　　　 1 　　　　　　　　　　　　 2

日本語では<u>名詞＋動詞</u>の順番に並んでいますが、
英語では<u>動詞＋名詞</u>の順番に並んでいることがわかります。

このことから、英語は動詞を大切にしていることから、最初にきているということがわかります。同じように考えると、日本語は名詞を大切に考えていることがわかるのです。もう一つわかることは、英語はキャッチボールになっていることです。

<u>英語</u>を<u>話す</u>を英語に直すときは、<u>話す</u>をまず置きます。
　すると〈何を〉という疑問が生まれます。そしてこの疑問に<u>英語</u>と答えます。このようになっているので、英語はことばのキャッチボールになっているということがわかるのです。
　英語では、いろいろな疑問が生まれます。どんな疑問が生まれてもその疑問に対して答えることをくり返すことで、英語の文章を作ることができるのです。

　　　　　　　　　　　　　watched　　　　**TV**　　　　　**yesterday**
<u>昨日</u> <u>テレビ</u> <u>を見た</u> → <u>見た</u> 〈何を〉 <u>テレビ</u> 〈いつ〉 <u>昨日</u>
 1 　2 　　　3 　　　　　1 　　　　　　　2 　　　　　　　3

確認ドリル

1 次の日本語を英語にするときどのような並べ方にすれば良いのか（　）に適当な日本語を入れてください。

(1) <u>じょうずに</u>　<u>英語</u>　<u>を話す</u>
　　(　　　)〈何を〉(　　　　　)〈どのように〉(　　　　　)

(2) <u>ゆっくり</u>　<u>英語</u>　<u>を話す</u>
　　(　　　)〈何を〉(　　　　　)〈どのように〉(　　　　　)

(3) <u>昨日</u>　<u>1ぴきのトラ</u>　<u>を見ました</u>
　　(　　　)〈何を〉(　　　　　)〈いつ〉(　　　　　)

(4) <u>ここで</u>　<u>夕食</u>　<u>をとります</u>
　　(　　　)〈何を〉(　　　　　)〈どこで〉(　　　　　)

2 次の〈　〉の中にどんな疑問が入るかを考えて適当な日本語を入れてください。

(1) <u>この本が</u>　<u>とても</u>　<u>ほしい</u>
　　ほしい〈　　　〉この本が〈　　　　〉とても

(2) <u>あなたのことが</u>　<u>とても</u>　<u>好きです</u>
　　好きです〈　　　〉あなたのことが〈　　　　〉とても

解答
1 (1)（話す）（英語を）（じょうずに）
　　(2)（話す）（英語を）（ゆっくり）
　　(3)（見ました）（1ぴきのトラを）（昨日）
　　(4)（とります）（夕食を）（ここで）

2 (1)〈何が〉〈どれくらい〉　(2)〈だれが〉〈どれくらい〉

2 英語の語順（2）

> 法則8
>
> **英語では「だれがどうする」「何がどんなだ」の順に
> ことばをならべる。**

　英語では だれが 私は 何が にあたる単語が最初にきて、次にどうする、またはどんなだを置くことによって次から次へと疑問が生まれてきます。
　もう少しくわしく説明すると、次のようになります。

(1)　私は英語を話す　　→　私は話す〈何を〉英語
(2)　私は先生です　　　→　私ですよ〈何ですか〉先生
(3)　あのイヌは速く走る　→　あのイヌは走る〈どのように〉速く
(4)　あのイヌは白い　　→　あのイヌは〈どんなだ〉白い

　だれがどうするや何がどんなだとなっていますが、実際には私は、あのイヌは、となることが多いのです。ただし、いつでも私はやあのイヌはとなっているわけではなく、私がやあのイヌがとなることもあります。
　英語では、私は英語を話す。が私が英語を話す。となっていても、英語にすると同じになります。ここでは、これ以上くわしく説明をしませんが、このようなことも英語ではよくあると考えておいてください。

確認ドリル

1 次の日本語を英語の並べ方にしてください。
　（　）に並べる順番を書いてください。

(1) <u>私は</u>　<u>昨日</u>　<u>テレビ</u>　を見ました。
　（　）（　）（　）　　（　）

(2) <u>ジュディーさんは</u>　<u>英語を</u>　<u>じょうずに</u>　<u>話します</u>。
　　　（　）　　　　　（　）　（　）　　　（　）

(3) <u>私は</u>　<u>毎日</u>　<u>歩きます</u>。
　（　）（　）（　）

(4) <u>私は</u>　<u>あなたのことが</u>　<u>とても</u>　<u>好きです</u>。
　（　）　　（　）　　　（　）（　）

(5) <u>あのイヌは</u>　<u>あそこで</u>　<u>走っています</u>。
　（　）　　　（　）　　　（　）

(6) <u>私は</u>　<u>先生</u>　<u>です</u>。
　（　）（　）（　）

(7) <u>あの走っているイヌは</u>　<u>私のペット</u>　<u>です</u>。
　　　　（　）　　　　　（　）　　　（　）

解答

1　(1) 1、4、3、2
　　(2) 1、3、4、2
　　(3) 1、3、2
　　(4) 1、3、4、2
　　(5) 1、3、2
　　(6) 1、3、2
　　(7) 1、3、2

3 英語の品詞（1）名詞

> 法則9
>
> **英語はグループで動く。**
> **①名詞のグループ**

英語はかならずグループで動くのです。
グループで動くということは、いくつかのグループが集まってひとつの英文を作るということを意味しています。

グループにもいろいろな種類があります。
グループで一番大切なものは、<u>名詞</u>というグループです。まずは、<u>名詞</u>という考え方について、説明してみることにします。

物の名前が名詞の代表だと考えてください。
たとえば、<u>本</u>というのが名詞です。<u>本</u>を英語で **book** と言います。ところが英語の文章の中で使われるときは、かならず **book** の前にいろいろな単語がつきます。次のようなものがあるので覚えておくとよいでしょう。

（例）

a book　　　［ァ　ブック］　　（ある一冊の本）
my book　　［マーィ　ブック］（私の本）
this book　　［ずィス　ブック］（この本）
that small book　　［ぜァッ・スモーォ　ブック］（あの小さい本）

ここで大切なことは、一番最後が<u>本</u>で終わっていると<u>名詞のはたらき</u>をするグループであるということなのです。<u>本</u>という名詞を説明しているところに使われている単語が<u>形容詞のはたらき</u>をしていると考えてください。形容詞のはたらきとは、名詞のようすをくわしく説明しているときのはたらきのことなんですよ。

確認ドリル

1 次の日本語の内で、名詞のはたらきをしているグループを書き出してください。

(1) 私はこの小さい本がほしい。
（答え）_____

(2) この古い本は私のものです。
（答え）_____

(3) 私によって書かれたこの本はよく売れます。
（答え）_____

(4) 走っているあの少年はトニー君です。
（答え）_____

(5) 私は英語を話しているあの少年が好きです。
（答え）_____

(6) トニー君といっしょにテニスをしているあの少年はだれですか。
（答え）_____

解答

1 (1) この小さい本　　(2) この古い本
(3) 私によって書かれたこの本　　(4) 走っているあの少年
(5) 英語を話しているあの少年
(6) トニー君といっしょにテニスをしているあの少年

4 英語の品詞（2）前置詞

法則10

英語はグループで動く。
②前置詞のグループ

英語には前置詞という考え方があります。

at	［アットゥ］	に
in	［イン］	〜の中に、に
on	［アン］	〜の上に
under	［アンダァ］	〜の下に
near	［ニアァ］	〜の近くに
by	［バーィ］	〜のそばに
with	［ウィず］	〜といっしょに
without	［ウィざーゥトゥ］	〜なしで
to	［トゥ］	〜へ

この前置詞はかならず名詞といっしょに使われるのです。
<u>前に置く</u> 名詞と考えると、<u>名詞の前に置く</u>詞のように理解することができます。このことから<u>前置詞＋名詞</u>の順番で使うことがわかります。
それではなぜこのように置くのでしょうか。そのわけは、英語はことばのキャッチボールだの法則を使って並べているからです。
たとえば次のように考えてください。

<u>あの机の上に</u>という日本語があるとします。
<u>あの机</u>という名詞のグループと、<u>の上に</u>という日本語に分かれます。
ここで考えなければいけないのは、どちらを先に置くと疑問が生まれるのかということです。<u>あの机</u>を先に置くと疑問が生まれませんが、<u>の上に</u>を先に置くと疑問が生まれます。
<u>の上に</u> 〈何の〉 あの机
このことから **on that desk** とすればよいことがわかるのです。

確認ドリル

1 次の日本語を英語の並べ方にした場合の順番を（　）に数字で書き入れてください。

(1) 私は　　毎日　　学校　　へ　　　　行きます。
　　（　）（　）（　）（　）（　）

(2) 私は　　あなた　といっしょに　テニス　をします。
　　（　）（　）（　）　　　　（　）（　）

(3) 私は　　東京タワー　の近くに　住んでいます。
　　（　）（　）　　　（　）　　（　）

(4) 私の本は　あの机　の上に　あります。
　　（　）　　（　）　（　）　（　）

(5) 私は　この木　の下に　立っています。
　　（　）（　）　（　）　（　）

(6) 私は　　大阪　　に　　　住んでいます。
　　（　）（　）（　）　（　）

(7) 私は　　6時　　に　　起きます。
　　（　）（　）（　）（　）

解答

1 (1) 1、5、4、3、2
　　(2) 1、5、4、3、2
　　(3) 1、4、3、2
　　(4) 1、4、3、2
　　(5) 1、4、3、2
　　(6) 1、4、3、2
　　(7) 1、4、3、2

5 英語の品詞（3）動詞

> **法則 11**
>
> 英語はグループで動く。
> ③動詞のグループ

英語には、熟語という考え方があります。2つ以上の単語が集まって、ひとつの動詞の意味を表すことができる動詞のグループがあります。

<u>〜を好きです</u>を **like**［ラーィク］で表すことができるのですが、**am fond of** でも<u>〜を好きです</u>を表すことができます。

英語では、<u>熟語</u>がかなり多いので、この熟語をはじめから、理屈なしに丸暗記することも大切です。ただしほとんどの熟語は、分解して考えると、成り立ちがわかるものも多いのです。

am fond of の場合、**of** が前置詞なので、<u>**I am fond**＋**of**＋名詞</u>のように考えることもできます。たとえば、次のような日本語があるとします。

「私はネコが好きです。」
<u>私は好きです</u>　〈何が〉　ネコ
I　like　　　　　　　cats.
［アーィ　ラーィク　　　キャッッ］

<u>私は好きです</u>＋ネコに関しては
I　am fond＋of cats.
［アーィ　アム　ファンドゥ　アヴ　キャッッ］

このように **of** を<u>〜に関して</u>と考えて理解することもできます。ただし普通は **am fond of** で<u>〜が好きです</u>と覚えた方がよいと辞典には書いてあります。

確認ドリル

1 (1)、(2)の日本語を英語に訳すとき、次のような熟語を使って英語に訳すことができます。

まず、次の熟語を丸暗記してから、日本語を英語に訳してください。どちらを使うかは、よく考えてください。答えは_____のところに書いてください。

```
go to bed    [ゴーゥ トゥ ベッドゥ]   寝る
goes to bed  [ゴーゥス トゥ ベッドゥ]  寝る

get up       [ゲタップ]       起きる
gets up      [ゲッツァップ]    起きる
```

(1) 私は6時に起きます。

　ヒント　at six [アッ・スィックス] 6時に
　　　　　私は起きます＋6時に。

　_____＋_____.

(2) 私の父は10時に寝ます。

　ヒント　My father [マーィ ファーザァ] 私の父
　　　　　at ten [アッ・テンヌ] 10時に
　　　　　私の父は寝ます＋10時に。

　_____＋_____.

解答

1 (1) **I get up ＋ at six**
　(2) **My father goes to bed ＋ at ten**

ここが大切

(1) **I** からはじまっているときは、動詞に **s** はつきません。
(2) **My father** のように1人の人を表しているときは、動詞に **s** をつけなくてはならないのです。

6 英語の語順（3）

> **法則12**
> 英語では、同じ種類のことばが並ぶとき、小さいものから
> 大きいものの順番にならべる。「か・とんぼ・つばめ」と同じ。

英語では、同じ種類のことばが並ぶとき、小さいものから、大きいものの順番に並べることが一般的なのです。

自然界では、かをとんぼが食べて、とんぼをつばめが食べるのとまったく同じなのです。

たとえば、兵庫県篠山市東岡屋49番地という住所を英語に訳すときは、49番地、東岡屋、篠山市、兵庫県の順番に並べると英語になるということなのです。

たとえば次のような英語があるとします。

「私は朝の6時に起きました。」
という日本文を英語に訳すときは、
　私は起きました〈いつ〉6時に〈いつ〉朝の
のように並べればよいのです。ただし、これはあくまでもだいたいの並べ方なので、正しい英語にするためには、もう少し前置詞のグループの考え方を覚えてから、英語にしなければならないのです。

この日本語を正しく英語に直すと次のようになります。

I got up（起きた）　　**at six**（6時に）　　**in the morning**（朝の）．
［ガタップ］　　　　　　［アッ・スィックス］　［イン　ざ　モーニン・］

ここが知りたい

（質問）　なぜ6時は **at six** で、朝は **in the morning** なのですか。
（答え）　**at** と **in** はどちらも〜にという意味の前置詞ですが、時間的に短い方に **at** を使って、長い方には **in** を使うと決まっているのです。朝のとなっていますが、実際には6時にが朝の中にふくまれているので、中にという意味の **in** ＋朝という意味の **the morning** を使っているのです。

確認ドリル

1 まず、次の日本語を英語の並べ方にした場合の順番を（　）に数字で書き入れてください。次に、次のヒントを利用して正しい英語にしてください。

(1) 私は　　東京の　　赤坂に　　住んでいます。
　　（　）　　（　）　　（　）　　（　）

　ヒント　私は　I［アーィ］　住んでいます　live［リヴ］
　　　　　東京の　in Tokyo［イン　トーキョ］
　　　　　赤坂に　at Akasaka

（答え）_____

(2) 私は　　毎日　　6時に　　起きます。
　　（　）　　（　）　　（　）　　（　）

　ヒント　毎日　every day［エヴゥリ　デーィ］
　　　　　6時に　at six［アッ・スィックス］

（答え）_____

(3) 私は　　夕方の　6時に　　テレビ　　を見ました。
　　（　）　（　）　　（　）　（　）　（　）

　ヒント　テレビ　TV［ティーヴィー］
　　　　　見ました　watched［ワッチトゥ］
　　　　　夕方の　in the evening［インずィ　イヴニン・］

（答え）_____

解答

1 (1) 1、4、3、2　　**I live at Akasaka in Tokyo.**
　　(2) 1、4、3、2　　**I get up at six every day.**
　　(3) 1、5、4、3、2　　**I watched TV at six in the evening.**

7 英語の品詞（4）副詞

> **法則 13**
>
> 副詞はおまけの働きをする。
> **Come here now.**（カム ヒァァ ナーゥ）と覚えよう。

　英語には副詞というはたらきの単語があります。副詞とはおまけ、つけくわえと考えるとわかりやすいと思います。たとえば、ここに今来なさい。

　この日本語には、だれがにあたることばがありません。もしおぎなうとすれば、あなたはここに今来なさい。となります。

　これを英語の並べ方にすると、次のようになります。

<u>あなたは</u>　<u>来なさい</u>　〈いつ〉今
　 1　　　　　 2

<u>あなたは</u>　<u>来なさい</u>　〈どこに〉ここに
　 1　　　　　 2

　これを英語に訳すと次のようになります。

<u>You</u>　　　<u>come</u>　　<u>now</u>.
あなたは　　来なさい　　今
<u>You</u>　　　<u>come</u>　　<u>here</u>.
あなたは　　来なさい　　ここに

　このように考えると、あなたは来なさい。だけで意味がわかることに気がつきます。つまり今やここにがおまけ（つけくわえ）のはたらきをしていることばであるということがわかります。このようなおまけのはたらきをすることばを副詞と考えてください。

　そして時と場所を表すことばが同時にきているときは、場所＋時の順番で並べることが一般的なので、**Come here now.** の法則として覚えていただきたいのです。

　英語では命令文のときに **You** を省略するのが一般的なので、**Come** の **C** を大文字にしてあるのです。

確認ドリル

1 まず、次の日本語を英語の並べ方にした場合の順番を（ ）に数字で書き入れてください。次に、次のヒントを利用して正しい英語にしてください。

(1) 私は　　きのう　　ここで　　サヤさん　　に出会った。
　　（　）　（　）　（　）　（　）　　（　）

　ヒント　私は　I［アーィ］　　きのう　yesterday［ィェスタデーィ］
　　　　　ここで　here［ヒァァ］　　サヤさん　Saya
　　　　　に出会った　met［メットゥ］

（答え）＿＿＿＿＿＿＿＿＿＿＿＿＿＿＿＿＿＿＿＿＿＿＿＿＿

(2) 今すぐ　　そこへ　　行きなさい。
　　（　）　（　）　（　）

　ヒント　今すぐ　right now［ゥラーィトゥ　ナーゥ］
　　　　　そこへ　there［ぜァァ］　　行きなさい　Go［ゴーゥ］

（答え）＿＿＿＿＿＿＿＿＿＿＿＿＿＿＿＿＿＿＿＿＿＿＿＿＿

(3) 私は　　東京駅で　　朝の　　6時に　　サヤさん　　と出会った。
　　（　）　（　）　　（　）　（　）　（　）　　（　）

　ヒント　東京駅で　at Tokyo Station［アッ・トーキョ　ステーィシュンヌ］
　　　　　朝の　in the morning［インザ　モーニン・］
　　　　　6時に　at six［アッ・スィックス］
　　　　　と出会った　met［メットゥ］

（答え）＿＿＿＿＿＿＿＿＿＿＿＿＿＿＿＿＿＿＿＿＿＿＿＿＿

解答

1 (1) 1、5、4、3、2　　**I met Saya here yesterday.**
　　(2) 3、2、1　　　　**Go there right now.**
　　(3) 1、4、6、5、3、2　**I met Saya at Tokyo Station at six in the morning.**

Part 3

英文法の基本を身につける
〈法則 14〜34〉

1 動詞（1）

> **法則 14**
>
> 「見える (mier**u**)」、「歩く (aruk**u**)」のように、
> 日本語の「ウ」の段で終わるものは、たいてい動詞。

　英語の中で一番大切なのが動詞です。
　まず、動詞とはどのようなものなのかを、日本語で考えてみることにします。動詞とは一般的に言って、動作を表すものです。
（例）
(1)　目が動くと<u>見える</u>
(2)　足が動くと<u>歩く</u>
(3)　口が動くと<u>話す</u>
のように、どこかが動くときに使うことばが動詞なのです。この3つの日本語が、動詞である証拠は、ローマ字で表してみるとよくわかります。

　　見える　（mier<u>u</u>）
　　歩く　　（aruk<u>u</u>）
　　話す　　（hana<u>su</u>）

ウの段で終わっていることがわかります。このようなものは、たいていは動詞なのです。

　英語の動詞には、動作を表すものと状態を表すものがあります。動詞によっては動作と状態の両方を表すものもあります。
（例）
　　〜を食べる　　　**have**［ヘァヴ］
　　〜をもっている　**have**［ヘァヴ］

　have という動詞は、<u>〜を食べる</u>という意味では動作で、<u>〜をもっている</u>という意味では状態を表しています。どちらの意味で使うことができるかは、単語を覚えるときにひとつずつ覚えるしかないのです。

38

確認ドリル

1 次の動詞は動作を表しているか、状態を表しているかを見分けてください。（　）にどちらなのかを書いてください。

(1) **live**　［リヴ］　　　　住んでいる　　（　　　）
(2) **know**　［ノーゥ］　　　〜を知っている（　　　）
(3) **teach**　［ティーチ］　〜を教える　　（　　　）
(4) **drink**　［ジュリンク］〜を飲む　　　（　　　）
(5) **eat**　　［イートゥ］　〜を食べる　　（　　　）
(6) **wear**　［ウェァァ］　〜を着ている　（　　　）
(7) **see**　　［スィー］　　〜が見える　　（　　　）
(8) **run**　　［ゥランヌ］　走る　　　　　（　　　）
(9) **walk**　［ウォーク］　歩く　　　　　（　　　）
(10) **speak**　［スピーク］　〜を話す　　　（　　　）
(11) **go**　　［ゴーゥ］　　行く　　　　　（　　　）
(12) **come**　［カム］　　　来る　　　　　（　　　）

解答

1 (1) 状態　(2) 状態　(3) 動作　(4) 動作
　　(5) 動作　(6) 状態　(7) 状態　(8) 動作
　　(9) 動作　(10) 動作　(11) 動作　(12) 動作

ここが大切

動詞によっては、動作と状態のどちらの意味も表すことができるものもあります。英語の辞典の意味をよく見て判断してください。

(例)　**I will teach you English.**
　　　（私はあなたに英語を教えるつもりです。）〔動作〕
　　　I teach English.
　　　（私は英語を教えています。）〔状態〕

2 動詞（2）

> **法則 15**
>
> 英語の動詞は、I（私）、you（あなた）には s なし、
> 主語が 1 人（単数）には s あり。

英語では、<u>だれがどうする</u>をまず言うことは、すでに勉強しましたが、<u>どうする</u>を表す動詞に s をつけるかつけないかを使い分けなければならないのが英語なのです。

英語では、<u>私</u>を表す I ［アーィ］という単語と<u>あなた</u>を表す you ［ユー］と <u>2 人以上</u>を表している場合は、動詞に s をつける必要はないのですが、<u>だれがが 1 人のことを表しているときには動詞に s をつけなくてはならない</u>のです。たとえば次のように使い分けるのです。

<u>私</u>は　<u>走る</u>。
I　　run. ［アーィ　ゥランヌ］

<u>あなた</u>は　<u>走る</u>。
You　　run. ［ユー　ゥランヌ］

<u>私の父</u>は　<u>走る</u>。
My father　　runs. ［マーィ　ファーザァ　ゥランズ］

<u>トニー君</u>は　<u>走る</u>。
Tony　　runs. ［トーゥニ　ゥランズ］

<u>〜は</u>の部分が<u>〜が</u>となっていても同じように考えてください。

もし<u>〜は</u>または<u>〜が</u>のところに、<u>動物</u>がきていても同じように考えて、<u>1 ぴき</u>ならば **runs** になります。

<u>私のイヌ</u>は　<u>走る</u>。
My dog　　runs.

確認ドリル

1 次の英語の動詞の正しい変化を（　）に書いてください。

ヒント　歩く　walk［ウォーク］　walks［ウォークス］

(1) 私は歩く。　　　　　　　I （　　　　　）.
(2) あなたは歩く。　　　　　You （　　　　　）.
(3) 私の父は歩く。　　　　　My father （　　　　　）.
(4) トニー君は歩く。　　　　Tony （　　　　　）.
(5) 私たちは歩く。　　　　　We （　　　　　）.
(6) 彼らは歩く。　　　　　　They （　　　　　）.
(7) あのイヌは歩く。　　　　That dog （　　　　　）.
(8) あれらのイヌは歩く。　　Those dogs （　　　　　）.
(9) このイヌは歩く。　　　　This dog （　　　　　）.
(10) これらのイヌは歩く。　　These dogs （　　　　　）.

[発音] my father［マーィ　ファーザァ］　Tony［トーゥニ］
we［ウィー］　they［ぜーィ］　that dog［ぜァッ・ドーッグ］
those dogs［ぞーゥズ　ドーッグズ］　this dog［ずィス　ドーッグ］
these dogs［ずィーズ　ドーッグズ］

解答

1 (1) **walk**　(2) **walk**　(3) **walks**　(4) **walks**
　　(5) **walk**　(6) **walk**　(7) **walks**　(8) **walk**
　　(9) **walks**　(10) **walk**

ここが大切

名詞に **s** がついているときや、2人以上の意味を表す単語、たとえば **these dogs**（これらのイヌ）のようなときと **we**（私たち）のようなときは、動詞に **s** をつけません。

3 動詞（3）

> **法則 16**
> 英語の動詞の意味に「～を」があれば、
> その次には（代）名詞を置くだけでよい。

speak という動詞を英語辞典で調べると、<u>～を話す</u>と書いてあるときは、動詞の次に名詞を置くだけで正しい英語になります。なぜこのようになるかというと、**speak** の次に〈何を〉という疑問が生まれるからです。そしてその疑問に答えることで、ひとつの英文になるのです。

「私は英語を話す。」
<u>私は話す</u> 〈何を〉 <u>英語</u>
I speak   English.
［アーィ　スピーク］［イングリッシ］

ところが **speak** には<u>話す</u>という意味もあります。
この意味で使うときは **speak** で意味が終わっていて、疑問が生まれないのです。もし次に単語を置きたいときは<u>前置詞＋名詞</u>のパターンを使って英語にしなければならないのです。<u>前置詞＋名詞</u>＝<u>副詞</u>と考えてください。<u>副詞</u>は、<u>おまけのはたらき</u>をするのです。

「人間は話す。」
People speak.
［ピーポー　スピーク］

「私は英語で話す。」
<u>私は話す</u>＋<u>英語で</u>
I speak ＋ in English.
［アーィ　スピーク　イニングリッシ］

確認ドリル

1 次の日本語をまず英語の並べ方の日本語にしてから、英語にしてください。

(1) 私はトニー君を知っています。
　ヒント　know［ノーゥ］〜を知っています
　　　　　　Tony［トーゥニ］トニー君

　（日本語）＿＿＿＿＿＿〈だれを〉＿＿＿＿＿＿。
　（英語）　＿＿＿＿＿＿　　　　＿＿＿＿＿＿．

(2) 私はトニー君について知っています。
　ヒント　about［アバーゥトゥ］〜について

　（日本語）＿＿＿＿＿＿＋＿＿＿＿＿＿〈だれについて〉＿＿＿＿＿＿。
　（英語）　＿＿＿＿＿＿＋＿＿＿＿＿＿　　　　　　　＿＿＿＿＿＿．

(3) 私はトニー君といっしょに話す。
　ヒント　speak［スピーク］話す
　　　　　　with［ウィず］〜といっしょに

　（日本語）＿＿＿＿＿＋＿＿＿＿＿〈だれといっしょに〉＿＿＿＿＿＿。
　（英語）　＿＿＿＿＿＋＿＿＿＿＿　　　　　　　　　＿＿＿＿＿＿．

解答

1 (1) （日本語）<u>私は知っています</u>〈だれを〉<u>トニー君</u>。
　　　（英語）**<u>I know</u>**　　　　　　**<u>Tony</u>．**
　(2) （日本語）<u>私は知っています</u>＋<u>〜について</u>〈だれについて〉<u>トニー君</u>。
　　　（英語）**<u>I know</u>**　＋　**<u>about</u>**　　　　　　　**<u>Tony</u>．**
　(3) （日本語）<u>私は話す</u>＋<u>〜といっしょに</u>〈だれといっしょに〉<u>トニー君</u>。
　　　（英語）**<u>I speak</u>** ＋　**<u>with</u>**　　　　　　　　**<u>Tony</u>．**

4 動詞（4）

法則 17

動詞のつづりが o（オーゥ）、sh（シ）、
ch または tch（チ）で終わるときは es,
y で終わるときは i にかえて es をつける。

動詞の最後に s がつくのが一般的ですが、o [オーゥ]、sh [シ]、ch または tch [チ] で終わると es をつけます。もし y で終わっていると、y を i にかえて es をつけるのです。

（例）
- 行く　　　　　　　　　　go　　[ゴーゥ]　　goes　　[ゴーゥズ]
- ～を洗う　　　　　　　　wash　[ワッシ]　　washes　[ワッシズ]
- 教える　　　　　　　　　teach　[ティーチ]　teaches　[ティーチズ]
- （テレビなどを）見る　　　watch　[ワッチ]　　watches　[ワッチズ]
- 勉強する　　　　　　　　study　[スタディ]　studies　[スタディイズ]

ここを間違える

dy がディと読んでいるので、dies ディイズのように es をつけてイズと発音する方が言いやすいのです。

それに対して、stay のような単語は ay でエーィと読むことができるので、s（ズ）をつけて ays（エーィズ）とします。つまり、言いやすいときは s をつける、言いにくいときは es をつけるという訳です。
- 滞在する　　stay [ステーィ]　　stays [ステーィズ]

ここが大切

go の場合は gos にすると、ゴスまたはゴズになります。go はもとの音がオーゥなので、どうしてもオーゥと読まなければならないのです。

そのためには次の法則にしたがわなければならないのです。アルファベットの a [エーィ]、i [アーィ]、e [イー]、u [ユー]、o [オーゥ] の次に e をつけても読み方はかわらないのです。

確認ドリル

1 次の動詞に **s** または **es** をつけてください。必要ならば、**y** を **i** にかえて **es** をつけることもできます。

(a) ～を支払う　　　**pay**［ペーィ］　　→　_____［ペーィズ］
(b) 滞在する　　　　**stay**［ステーィ］　→　_____［ステーィズ］
(c) 行く　　　　　　**go**［ゴーゥ］　　　→　_____［ゴーゥズ］
(d) ～を洗う　　　　**wash**［ワッシ］　　→　_____［ワッシズ］
(e) （テレビを）見る　**watch**［ワッチ］　→　_____［ワッチズ］

2 次の日本語を英語に訳してください。まず下線のところに、英語流の日本語を、次に英語を書いてください。

(a) 私の母はこのイヌを毎日洗う。
　ヒント　私の母　My mother［マーィ　マザァ］
　　　　　このイヌ　this dog［ずィス　ドーッグ］
　　　　　毎日　every day［エヴゥリ　デーィ］
　（日本語）_____〈何を〉_____〈いつ〉_____。
　（英語）　_____　_____　_____.

(b) 私の父は毎日テレビを見ます。
　ヒント　私の父　My father［マーィ　ファーザァ］
　　　　　テレビ　TV［ティーヴィー］
　（日本語）_____〈何を〉_____〈いつ〉_____。
　（英語）　_____　_____　_____.

解答

1 (a) **pays**　(b) **stays**　(c) **goes**　(d) **washes**　(e) **watches**

2 (a) （日本語）<u>私の母は洗う</u>　　〈何を〉<u>このイヌ</u>　〈いつ〉<u>毎日</u>。
　　　（英語）　<u>My mother washes</u>　　<u>this dog</u>　　<u>every day</u>.
　　(b) （日本語）<u>私の父は見る</u>　　〈何を〉<u>テレビ</u>　〈いつ〉<u>毎日</u>。
　　　（英語）　<u>My father watches</u>　　<u>TV</u>　　<u>every day</u>.

5 be 動詞 (1)

> **法則 18**
>
> 英文に動詞がないとき、主語が I ならば am,
> you ならば are, それ以外は 1 人のみ is,
> 2 人以上は are のような be 動詞を置く。

英語では、1つの英文の中に動詞がないときには、**is** [イズ]、**am** [アム]、**are** [アー] のような **be 動詞**と呼ばれる単語を主語（〜は）の次に必ず置かなければならないのです。

is, am, are の使い分けは次のようになっています。

I am　　　[アーィ　アム]（私です）
You are [ユー　アー]　（あなたです）

の他は、1人ならば **is**、2人以上ならば **are** を使います。

Tony is　　　[トーゥニ　イズ]　　　　（トニー君です）
My father is [マーィ　ファーザァ　イズ]（私の父です）
We are　　　[ウィー　アー]　　　　　（私たちです）
They are　　[ゼーィ　アー]　　　　　（彼らです）

動物の場合も同じように考えます。
This dog is　　[ズィス　ドーッグ　イズ]　　（このイヌです）
That dog is　　[ゼァッ・ドーッグ　イズ]　　（あのイヌです）
These dogs are [ズィーズ　ドーッグズ　アー]（これらのイヌです）
Those dogs are [ゾーゥズ　ドーッグズ　アー]（あれらのイヌです）

ただし数えられない名詞のときはいつも **is** を使います。

確認ドリル

1 次の（　）に適当な be 動詞（**is, am, are**）を入れてください。

(1) 私の父　　　　（　　　　）
(2) あなたのお母さんのお父さん（　　　　）
(3) 私たちの父　　（　　　　）
(4) 私たち　　　　（　　　　）
(5) 私　　　　　　（　　　　）
(6) あなた　　　　（　　　　）
(7) このイヌ　　　（　　　　）
(8) これらのイヌ　（　　　　）
(9) あのイヌ　　　（　　　　）
(10) あれらのイヌ　（　　　　）
(11) たくさんのミルク（　　　　）
(12) このお茶　　　（　　　　）
(13) 彼ら　　　　　（　　　　）
(14) 彼女たち　　　（　　　　）
(15) 東京タワー　　（　　　　）

解答

1 (1) **is**　(2) **is**　(3) **is**　(4) **are**　(5) **am**
　　(6) **are**　(7) **is**　(8) **are**　(9) **is**　(10) **are**
　　(11) **is**　(12) **is**　(13) **are**　(14) **are**　(15) **is**

ここを間違える

hair［ヘァァ］髪の毛

この単語は **my hair**（私の髪）という意味では、数えることができないぐらいたくさんあるので、数えることができないと考えて **is** になります。ただし数えることができるときは、**a hair**（1本の髪の毛）ならば **is**、**two hairs**（2本の髪の毛）ならば **are** になります。

6 冠詞

> **法則 19**
>
> 英語では、名詞の意味がはっきりしないとき、
> その前に a または an をつける。

英語では、名詞の前に **a** または **an** をつけることがあります。はっきりしないときは **a** または **an** をつけるのです。例をあげて考えてみることにします。

(1) このイヌ
(2) あのイヌ
(3) 私のイヌ
(4) そのイヌ
(5) 東京タワー
(6) 和田さん
(7) 和田 薫さん
(8) イヌ

この中で意味がはっきりわかるものと、はっきりとはわからないものがあります。はっきりわかるものには **a** または **an** をつけることができません。

(6)の和田さんと(8)のイヌははっきりしないのではないでしょうか。

もしあなたのクラスに和田さんが1人しかいなければ、だれのことかがわかりますが、2人以上いると、だれのことを言っているのかがわからないのです。

だれのことかがはっきりしているときには、名前の前には **a** または **an** をつけませんが、はっきりしないときは **a** または **an** + 名前のように言うこともあるのです。

イヌのことでも、どこのどのイヌのことかがわからないので、ある一ぴきのイヌのことをさしているときは、**a dog**［ア　ドッグ］と言うのです。

確認ドリル

1 次の [　] のところに **a** がいる場合には **a**、必要のない場合には ×を入れてください。

(1) [　] 私の父　　　　(2) [　] 私の本
(3) [　] この本　　　　(4) [　] あの本
(5) [　] その本　　　　(6) [　] 富士山
(7) [　] 小さい本　　　(8) [　] 本
(9) [　] 少年　　　　　(10) [　] あの少年

解答
1 (1) [×]　(2) [×]　(3) [×]　(4) [×]　(5) [×]
　　(6) [×]　(7) [**a**]　(8) [**a**]　(9) [**a**]　(10) [×]

ここが大切

a と **an** の使い分けは次のようになっています。
an + [ア、イ、ウ、エ、オの音からはじまる単語]
a + [ア、イ、ウ、エ、オ以外の音からはじまる単語]

(例)　**an egg** [アネッグ]
　　　　　 エ
　　　an old book [アノーゥオドゥ　ブック]
　　　　　 オ

(注)　**a** + [ナ、ニ、ヌ、ネ、ノ] からはじまる一つの単語のように発音することが多いのです。

ここを間違える

an honest boy [アナニストゥ　ボーィ]
　[アニストゥ]
h を読まないのでアからはじまっていると考えて **an** を使います。

7 名詞（1）複数形

法則20
英語では、2つ〔2人〕以上の物〔人〕がある〔いる〕ときは、名詞に s をつける。

英語では2つ〔2人〕以上の物〔人〕がある〔いる〕ときは、名詞に **s** をつけます。ただし、代名詞には **s** をつける必要はありません。代名詞とは、名詞の代わりに使うことばです。

books	［ブックス］	どれでもよい2冊以上の本
these books	［ずィーズ ブックス］	これらの本
those books	［ぞーゥズ ブックス］	あれらの本
the books	［ざ ブックス］	それらの本
some books	［サム ブックス］	数冊の本
many books	［メニ ブックス］	たくさんの本
we	［ウィー］	私たち
they	［ぜーィ］	彼ら、彼女たち、それら
you	［ユー］	あなたたち
my books	［マーィ ブックス］	（2冊以上の）私の本
your books	［ユア ブックス］	（2冊以上の）あなたの本
his books	［ヒズ ブックス］	（2冊以上の）彼の本
her books	［ハァ ブックス］	（2冊以上の）彼女の本

これだけは覚えましょう
- **a book** （どれでもよい）ある1冊の本
- **the book** （1冊しかない）その本
- **the books** （そこにある）それらの本

ここを間違える
この本	this book ［ずィス ブック］	これらの本	these books
あの本	that book ［ぜァッ・ブック］	あれらの本	those books

確認ドリル

1 次の日本語を英語に訳して、その答えを [ ] に書いてください。

(1) 私の本 [　　　　　　　]
(2) 2冊以上の私の本 [　　　　　　　]
(3) あなたの本 [　　　　　　　]
(4) 2冊以上のあなたの本 [　　　　　　　]
(5) 彼の本 [　　　　　　　]
(6) 2冊以上の彼の本 [　　　　　　　]
(7) 彼女の本 [　　　　　　　]
(8) 2冊以上の彼女の本 [　　　　　　　]
(9) その本 [　　　　　　　]
(10) それらの本 [　　　　　　　]
(11) この本 [　　　　　　　]
(12) これらの本 [　　　　　　　]
(13) あの本 [　　　　　　　]
(14) あれらの本 [　　　　　　　]
(15) 数冊の本 [　　　　　　　]
(16) たくさんの本 [　　　　　　　]

解答

1
(1) **my book** (2) **my books** (3) **your book**
(4) **your books** (5) **his book** (6) **his books**
(7) **her book** (8) **her books** (9) **the book**
(10) **the books** (11) **this book** (12) **these books**
(13) **that book** (14) **those books** (15) **some books**
(16) **many books**

8 名詞（2）数えられる名詞、数えられない名詞

法則21

数えられない名詞のとき、a cup of tea（1ぱいのお茶）、a glass of milk（1ぱいのミルク）のように、容器の数で数えることができる。

　数えることができる名詞は、名詞の前に **a** をつけたり、名詞のうしろに **s** をつけたりして、1つであるか2つ以上であるかを区別することができます。

　数えられない名詞の場合には、**a** をつけたり **s** をつけたりすることができません。そのようなときに、よい方法があるのです。

　例えば **tea**（お茶）の場合は、コップ1ぱいのお茶、コップ2はいのお茶、のようにコップの数を数えることで、数えることができるのです。

これだけは覚えましょう

あつい飲み物は　**a cup of**
冷たい飲み物は　**a glass of**　を使ってください。

- <u>**a cup of** tea</u>　　　［ア　カッパヴ　ティー］　　（コップ1ぱいのお茶）
- <u>**a glass of** milk</u>　［ア　グレァソヴ　ミオク］　（コップ1ぱいのミルク）
- <u>**two cups of** tea</u>　［トゥー　カップサヴ　ティー］（お茶2はい）
- <u>**two glasses of** milk</u>［トゥー　グレァスィズヴ　ミオク］（ミルク2はい）

ここが知りたい

（質問）　たくさんの量のお茶を英語で言うときはどうすればよいのですか。
（答え）　数えられる名詞は **many**［メニ］を使って、<u>たくさんの</u>という意味を表しますが、数えられない名詞は **much**［マッチ］を使って表します。

- <u>**many**</u> books（たくさんの数の本）
- <u>**much**</u> tea　　（たくさんの量のお茶）

確認ドリル

1 次の日本語を英語に直してください。

(1) 1ぱいのお茶　　　　　＿＿＿＿＿＿＿＿＿＿＿＿＿
(2) 1ぱいのミルク　　　　＿＿＿＿＿＿＿＿＿＿＿＿＿
(3) 2はいのお茶　　　　　＿＿＿＿＿＿＿＿＿＿＿＿＿
(4) 2はいのミルク　　　　＿＿＿＿＿＿＿＿＿＿＿＿＿
(5) たくさんの量のお茶　　＿＿＿＿＿＿＿＿＿＿＿＿＿
(6) たくさんの量のミルク　＿＿＿＿＿＿＿＿＿＿＿＿＿
(7) たくさんのコップのお茶　＿＿＿＿＿＿＿＿＿＿＿＿＿
(8) たくさんのコップのミルク　＿＿＿＿＿＿＿＿＿＿＿＿＿
(9) たくさんの本　　　　　＿＿＿＿＿＿＿＿＿＿＿＿＿

解答

1 (1) **a cup of tea**　　(2) **a glass of milk**
(3) **two cups of tea**　(4) **two glasses of milk**
(5) **much tea**　　　　(6) **much milk**
(7) **many cups of tea**　(8) **many glasses of milk**
(9) **many books**

ここを間違える

「コップ1ぱいのミルク」となっていても、**milk** の場合には、**a glass of milk** のように **glass** を使います。

ただし、「料理用の計量カップ1ぱいのミルク」ならば、**a cup of milk** と言うことができます。

9 名詞（3）数えられる名詞、数えられない名詞

> **法則22**
>
> **few** と **little** は、その前に **a** があると「少しある」、
> **a** がないと「ほとんどない」を表す。

[数えられる名詞の場合]

　a があると<u>少しある</u>、**a** がないと<u>ほとんどない</u>と覚えてください。

<u>少し本がある</u>を表したいとき　　　**a few books**
　　　　　　　　　　　　　　　　　　［ア　フュー　ブックス］
<u>本がほとんどない</u>を表したいとき　**few books**
　　　　　　　　　　　　　　　　　　［フュー　ブックス］

[数えられない名詞の場合]

　a があると<u>少しある</u>、**a** がないと<u>ほとんどない</u>と覚えてください。

　<u>少しのミルクがある</u>を表したいときは　**a little milk**
　　　　　　　　　　　　　　　　　　　　　［ア　リトー　ミオク］
　<u>ミルクがほとんどない</u>を表したいときは　**little milk**
　　　　　　　　　　　　　　　　　　　　　　［リトー　ミオク］

ここが大切

some［サム］と **a few**，**a little** は、日本語に直すと、いくらかの、少しのという意味なので同じように考えてしまいがちですが、使い方がかなり違います。

some はだれが見ても<u>いくつか</u>ということがわかる場合に使いますが、**a few** と **few** は、その人が少しあると思ったら **a few**、ほとんどないと思ったら **few** となるのです。**a little** と **little** も同じように使い分けます。

ここを間違える

money［マニィ］は数えられませんが **coin**［コーィンヶ］は数えられます。
（例）10円のコインが10枚　　**ten ten-yen coins**

確認ドリル

1 （　）に適当な単語を入れて、次の日本語を英語に直してください。

(1) 数冊の本　　　　（　　　　）（　　　　）
(2) 少しある本　　　（　　　　）（　　　　）（　　　　）
(3) ほとんどない本　（　　　　）（　　　　）
(4) いくらかのお金　（　　　　）（　　　　）
(5) 少しあるお金　　（　　　　）（　　　　）（　　　　）
(6) ほとんどないお金（　　　　）（　　　　）

2 下線のところに適当な単語を入れて、次の日本語を英語に直してください。

(1) 私は少しお金をもっています。
　　I have _____.
(2) 私はほとんどお金をもっていません。
　　I have _____.
(3) 私は少し本をもっています。
　　I have _____.
(4) 私はほとんど本をもっていません。
　　I have _____.

解答

1 (1) **some books**　(2) **a few books**　(3) **few books**
　　(4) **some money**　(5) **a little money**　(6) **little money**
2 (1) **a little money**　(2) **little money**
　　(3) **a few books**　(4) **few books**

Part 3　英文法の基本を身につける

10 名詞（4）数えられる名詞、数えられない名詞

法則 23

数えられない名詞は、「水」「紙」「チョーク」など、どこを取っても同じである。

英語には、数えられる名詞と数えられない名詞があります。
数えられない名詞は、どこを取っても同じであると覚えておくとよいでしょう。例えば、紙はどこを取っても紙、チョークもどこの部分もチョーク、水もそうですね。ニュースはニュース、情報は情報。

これに対し数えられる名詞は、部分によって違うことが多いようです。例えば、自転車で考えてみると、座るところはサドル、こぐところはペダル、走るところはタイヤのようにいろいろなものから成り立っているわけです。このことが大切なんですよ。

これだけは覚えましょう

- **water** ［ウォータァ］水
- **chalk** ［チョーク］チョーク
- **news** ［ニューズ］ニュース
- **advice** ［アドゥヴァーィス］忠告
- **information** ［インフォメーィシュンヌ］情報
- **milk** ［ミオク］ミルク
- **paper** ［ペーィパァ］紙
- **baggage** ［ベァギッヂ］手荷物

ここを間違える

hair ［ヘァァ］（髪の毛）はふつうは数える必要がないことから、数えられない名詞と考えますが、「1本の髪の毛」のようにどうしても数えたいときだけ **a hair** のように使います。

（例） **I have black hair.**
（私は黒い髪の毛をしています。）
I found a hair on the desk.
（私はその机の上に1本の髪の毛を見つけた。）

確認ドリル

1 次の（　）に適当な単語を入れてください。

数えられない名詞には、(ア) チョーク（　　　）、(イ) 紙（　　　）、(ウ) ニュース（　　　）、(エ) 忠告（　　　）、(オ) 手荷物（　　　）、(カ) 情報（　　　）があります。

2 次の日本語を英語に直してください。

(1) 1枚の紙　　　＿＿＿＿＿＿＿＿＿＿＿＿＿＿＿
(2) 2枚の紙　　　＿＿＿＿＿＿＿＿＿＿＿＿＿＿＿
(3) 1つのニュース　＿＿＿＿＿＿＿＿＿＿＿＿＿＿＿
(4) 2つのニュース　＿＿＿＿＿＿＿＿＿＿＿＿＿＿＿
(5) 手荷物1つ　　＿＿＿＿＿＿＿＿＿＿＿＿＿＿＿
(6) 手荷物2つ　　＿＿＿＿＿＿＿＿＿＿＿＿＿＿＿
(7) 1つの情報　　＿＿＿＿＿＿＿＿＿＿＿＿＿＿＿
(8) 2つの情報　　＿＿＿＿＿＿＿＿＿＿＿＿＿＿＿
(9) アドバイスを1つ　＿＿＿＿＿＿＿＿＿＿＿＿＿＿＿
(10) アドバイスを2つ　＿＿＿＿＿＿＿＿＿＿＿＿＿＿＿

解答

1 (ア) **chalk**　(イ) **paper**　(ウ) **news**　(エ) **advice**
　(オ) **baggage**　(カ) **information**

2 (1) **a piece of paper**　(2) **two pieces of paper**
　(3) **a piece of news**　(4) **two pieces of news**
　(5) **a piece of baggage**　(6) **two pieces of baggage**
　(7) **a piece of information**　(8) **two pieces of information**
　(9) **a piece of advice**　(10) **two pieces of advice**

11 名詞（5）数えられる名詞、数えられない名詞

> **法則 24**
>
> 名詞を数えるとき、ペアーで一対になっているものは
> a pair of を使って数える。

次のような名詞は、ペアーで一対になっているものばかりですが、このペアーになっているものを数えるときには **a pair of** [ア ペアゥラヴ] を使って数えます。

pants	[ペァンツ]	ズボン
socks	[ソックス]	ソックス
glasses	[グレァスィズ]	メガネ
scissors	[スィザァズ]	はさみ

<u>a pair of</u> pants	1本のズボン
<u>a pair of</u> socks	1足のソックス
<u>a pair of</u> glasses	メガネ1個
<u>a pair of</u> scissors	はさみ1丁

<u>two pairs of</u> pants	2本のズボン
<u>two pairs of</u> socks	2足のソックス
<u>two pairs of</u> glasses	メガネ2個
<u>two pairs of</u> scissors	はさみ2丁

これだけは覚えましょう

「このズボンは新しい。」
This pair of pants is new.
These pants are new. ［ズィーズ ペァンツ アー ニュー］

「トニー君はメガネをかけています。」
Tony wears glasses. ［トゥニ ウェァァズ グレァスィズ］

数える必要のないときは、**pants, glasses** のような形で使ってください。

確認ドリル

1 次の（ ）の中に適当な単語を入れてください。

ペアーで一対になっているときは、(ア)（　　　　）ということばを名詞の前に置くことができます。
(イ) ズボン（　　　　）、(ウ) ソックス（　　　　）、(エ) メガネ（　　　　）、
(オ) はさみ（　　　　）などがペアーで一対になっているものの例です。

2 次の日本語を英語に直してください。

(1) 1本のズボン　＿＿＿＿＿＿＿＿＿＿＿＿＿＿＿＿＿
(2) 2本のズボン　＿＿＿＿＿＿＿＿＿＿＿＿＿＿＿＿＿
(3) メガネ1個　＿＿＿＿＿＿＿＿＿＿＿＿＿＿＿＿＿
(4) 2足のソックス　＿＿＿＿＿＿＿＿＿＿＿＿＿＿＿＿＿
(5) はさみ1丁　＿＿＿＿＿＿＿＿＿＿＿＿＿＿＿＿＿

3 次の下線のところに適当な英語を書いて英語に直してください。

このソックスは新しい。
(1) **This** ＿＿＿＿＿＿＿＿＿＿＿＿＿＿＿＿＿．
(2) **These** ＿＿＿＿＿＿＿＿＿＿＿＿＿＿＿＿＿．

解答

1 (ア) **a pair of** (イ) **pants** (ウ) **socks**
　　(エ) **glasses** (オ) **scissors**
2 (1) **a pair of pants** (2) **two pairs of pants**
　　(3) **a pair of glasses** (4) **two pairs of socks**
　　(5) **a pair of scissors**
3 (1) **pair of socks is new** (2) **socks are new**

12 be動詞（2）

> **法則25**
>
> 英文に動詞がないとき、be動詞を使う。be動詞は
> 数学の「イコール（＝）」と同じはたらきをする。

英語では英文の中に動詞がないときには、**be**動詞を必ず使わなければなりません。**be**動詞（**is, am, are**）は、数字のイコール（＝）と同じ使い方をすると覚えておいてください。

実際に**be**動詞を使って英文を作ってみることにします。

<u>私はいそがしい。</u>という日本語を英語に訳したいとき、この日本文の中に動詞があるかないかを考えます。この場合には、動詞がないので、**I**の次に**be**動詞（**is, am, are**）の中から**I**が好む**be**動詞を入れなければなりません。**I**は**am**が好きなので、**I am**となります。

最後にいそがしい **busy**［ビズィ］を置くと英文ができあがります。
I am busy.（私はいそがしい。）

それでは次は、イコールの役目を果たしている**be**動詞（**is, am, are**）について考えてみることにします。

<u>私は先生です。</u>

この場合、<u>私＝先生</u>と考えることができます。ここで大切なことは私が何人いるのかを考えなければなりません。当然<u>1人</u>なので、<u>私（1人）＝1人の先生</u>と考えて、**I am a teacher.** のように **teacher**［ティーチャ］の前に **a** をつけなければならないのです。

<u>私たちは先生です。</u>

この場合、<u>私たち ＝ 2人以上の先生</u>、となることから、**We are teachers.** のようにしなければなりません。私たちが2人以上なので **are** を使います。先生も2人以上なので、**teacher** の後ろに **s** をつけて **teachers** にする訳です。

確認ドリル

1 次の日本語を英語にしてください。

ヒント いそがしい busy［ビズィ］　背が高い tall［トーオ］
新しい new［ニュー］　1冊の本 a book［ア　ブック］
2冊以上の本 books［ブックス］　これ、この This［ずィス］
これら、これらの These［ずィーズ］　私たち We［ウィー］
2人以上の先生 teachers［ティーチァズ］

(1) 私はいそがしい。　＿＿＿＿＿＿＿＿＿＿＿＿＿＿＿＿
(2) トニー君は背が高い。　＿＿＿＿＿＿＿＿＿＿＿＿＿＿＿＿
(3) これは本です。　＿＿＿＿＿＿＿＿＿＿＿＿＿＿＿＿
(4) これは私の本です。　＿＿＿＿＿＿＿＿＿＿＿＿＿＿＿＿
(5) これは新しい本です。　＿＿＿＿＿＿＿＿＿＿＿＿＿＿＿＿
(6) この本は新しい。　＿＿＿＿＿＿＿＿＿＿＿＿＿＿＿＿
(7) これらは新しい本です。　＿＿＿＿＿＿＿＿＿＿＿＿＿＿＿＿
(8) これらの本は新しい。　＿＿＿＿＿＿＿＿＿＿＿＿＿＿＿＿
(9) 私たちは背が高い。　＿＿＿＿＿＿＿＿＿＿＿＿＿＿＿＿
(10) 私たちは背が高い先生です。＿＿＿＿＿＿＿＿＿＿＿＿＿＿＿＿

解答

1 (1) **I am busy.**　(2) **Tony is tall.**
(3) **This is a book.**　(4) **This is my book.**
(5) **This is a new book.**　(6) **This book is new.**
(7) **These are new books.**　(8) **These books are new.**
(9) **We are tall.**　(10) **We are tall teachers.**

ここを間違える

これは新しい本です。

このような日本文のときは、この日本文の一番基本になる文は何かを考えます。これは本です。これをまず英語に直します。**This is a book.** そして本の説明をしていることばの新しいを **book** の前に入れます。すると **This is a new book.** になります。

Part 3　英文法の基本を身につける

61

13 be 動詞（3）

> 法則 26
>
> **数えられない名詞は、量が少しでも、たくさんでも、
> いつも is を使う。**

　数えられない名詞は、少しでも、たくさんでも、**is** を使うことになっています。

(1) 私のすべてのお金はこれです。
   All my money is this.
   ［オーオ　マーィ　マニ］

(2) 私のすべての本はこれらです。
   All my books are these.

　(1)と(2)の英文は、**A is B.** ＝ **B is A.** と言いかえることもできます。
   (1) **This is all my money.**
   (2) **These are all my books.**

(3) たくさんのネコが私の机の上にいます。
   Many cats are on my desk.
   ［メニ　キャッツ］

(4) たくさんのお金があの机の中にあります。
   Much money is in that desk.
   ［マッチ　マニ］

　(3)と(4)の英文を **There**［**is**、**are**］～で言いかえることもできます。
   (3) **There are many cats on my desk.**
   (4) **There is much money in that desk.**

確認ドリル

1 次の（　）の中に適当な単語を入れてください。

(1) たくさんのネコが私の机の上にいます。
 (ア) (　　　) cats (　　　) on my desk.
 (イ) There (　　　) (　　　) cats on my desk.

(2) たくさんのお金があの机の中にあります。
 There (　　　) (　　　) money in that desk.

(3) いくらかのお金があの机の中にあります。
 There (　　　) (　　　) money in that desk.

(4) あの机の中にはお金がありません。
 There (　　　) (　　　) money in that desk.

解答
1 (1) (ア) Many, are　(イ) are many　(2) is much
(3) is some　(4) is no

ここが大切

たくさんのネコは、数えられる名詞なので **many cats**、たくさんのお金は、数えられない名詞なので **much money** のように **many** と **much** を使い分けてください。

many と much は、基本的には、肯定文（～は～です。）の文の、話しことばではあまり使われませんが、many cats や much money が主語（～は）のところにきている場合は使うことができます。ただし、実際に使うときは There [is、are] ～の英文の方を使ってください。

14 「主語＋(be)動詞」と「There＋(be)動詞＋主語」

> 法則 27
>
> 「主語＋〔動詞または be 動詞〕～」の文は、
> 「there＋〔動詞または be 動詞〕＋主語 ～」と
> 同じ意味を表す。

英語では、次のようなパターンがあります。

(1) **A cat is   on the desk.**
　　1ぴきのネコがいます　上に　　その机

(1) **There is** 〈何が〉 **a cat**　　〈どこに〉 **on** 〈何の〉 **the desk.**
　　います　　　　1ぴきのネコが　　　　　　　上に　　　　　その机

このように主語＋〔動詞または **be** 動詞〕＋前置詞＋名詞．のような英文があるとき、**There**＋〔動詞または **be** 動詞〕＋主語＋前置詞＋名詞．のように言いかえることができるのです。

ただしこの文のパターンを使うのには、1つだけ条件があります。

はっきりしないものが主語になっているということです。

(1)の例文で考えてみましょう。

A cat is on the desk.
ある1ぴきのネコ

どこのネコかはっきりしていません。このことから **There** から始まる言い方ができるということがわかります。

仮に次のようになってしまうと、**There** から始めることはできません。

My cat   is   on   the desk.
私のネコ　います　上に　　その机

確認ドリル

1 次の英文を **There** から始まる英文に置きかえてください。

(1) ある少年があの部屋に住んでいました。
[ア ボーィ] [リヴドゥ] [イン] [ゼァッ・ゥルーム]

<u>A boy</u>　　<u>lived</u>　　　<u>in</u>　　<u>that room</u>.
ある少年　住んでいました　中に　　あの部屋の
There _____〈だれが〉_____〈どこに〉____〈何の〉_____.

(2) あるネコが私の部屋に入ってきました。
[ア キャットゥ] [ケーィム] [イントゥ] [マーィ・ゥルーム]

<u>A cat</u>　<u>came</u>　<u>into</u>　<u>my room</u>.
あるネコ　きました　に　　私の部屋
There _____〈何が〉_____〈どこに〉____〈何の〉_____.

(3) あるイヌがあそこで泳いでいます。
[ア ドッグ] [イズ スウィミン・] [オーゥヴァ・ゼァァ]

<u>A dog</u>　<u>is swimming</u>　<u>over there</u>.
あるイヌ　泳いでいます　　あそこで
There ____〈何が〉____〈何をしている〉_____〈どこで〉____.

解答

1 (1) **There** <u>lived</u> <u>a boy</u> <u>in</u> <u>that room</u>.
　 (2) **There** <u>came</u> <u>a cat</u> <u>into</u> <u>my room</u>.
　 (3) **There** <u>is</u> <u>a dog</u> <u>swimming</u> <u>over there</u>.

ここを間違える

<u>**There**</u> **is a dog swimming over <u>there</u>.**
[ゼァ]　　　　　　　　　　　　　[ゼァァ]

　はじめの **There** は意味がないので弱く、あそこにという意味の **over there** は強く発音します。

15 人称代名詞

> **法則 28**
>
> 英語では、I は文のはじめ、つまり動詞の前に、
> me は文の途中または最後、つまり動詞の次、
> または前置詞の次に置く。

英語には、同じ意味の単語でも置く場所によって使い分けをする単語があります。

	動詞の前		動詞の次または前置詞の次	
私	I	[アーィ]	me	[ミー]
あなた	you	[ユー]	you	[ユー]
彼	he	[ヒー]	him	[ヒム]
彼女	she	[シー]	her	[ハァ]
彼ら	they	[ゼーィ]	them	[ゼム]
彼女たち	they	[ゼーィ]	them	[ゼム]
私たち	we	[ウィー]	us	[アス]
あなたたち	you	[ユー]	you	[ユー]
それ	it	[イットゥ]	it	[イットゥ]
それら	they	[ゼーィ]	them	[ゼム]

中学校では、I を<u>私は</u>、<u>私が</u>と、me を<u>私を</u>、<u>私に</u>と習いますが、実際には、I は文のはじめ、言いかえると動詞の前、me は文の途中または最後、言いかえると動詞の次または前置詞の次と考えた方がよいと思います。

(例 1) 私は彼を知っています。

<u>私は知っています</u> 〈だれを〉 <u>彼を</u>
I know　　　　　　　　　**him.**

(例 2) 私は彼といっしょに遊ぶ。

<u>私は遊ぶ</u> ＋ <u>いっしょに</u> 〈だれと〉 <u>彼</u>
I play　　　**with**　　　　　　**him.**

確認ドリル

1 次の（　）に適当な単語を書き入れてください。

ヒント　with と to は前置詞です。

(1) 私は彼女が好きです。
　　（　　　）like（　　　　）.
(2) 彼女は私を好きです。
　　（　　　）likes（　　　　）.
(3) 私たちは彼らを知っています。
　　（　　　）know（　　　　）.
(4) 彼らは私たちを知っています。
　　（　　　）know（　　　　）.
(5) 彼はあなたを好きです。
　　（　　　）likes（　　　　）.
(6) あなたは彼を好きです。
　　（　　　）like（　　　　）.
(7) 私はあなたといっしょに遊ぶ。
　　（　　　）play with（　　　　）.
(8) あなたは私といっしょに遊ぶ。
　　（　　　）play with（　　　　）.
(9) 彼女は彼に話しかける。
　　（　　　）speaks to（　　　　）.
(10) 彼は彼女に話しかける。
　　（　　　）speaks to（　　　　）.

[発音]　like［ラーィク］　likes［ラーィクス］　know［ノーゥ］
　　　　play with［プレーィ　ウィず］　speaks to［スピークス　トゥ］

解答

1 (1) **I, her**　(2) **She, me**　(3) **We, them**　(4) **They, us**
(5) **He, you**　(6) **You, him**　(7) **I, you**　(8) **You, me**
(9) **She, him**　(10) **He, her**

Part 3　英文法の基本を身につける

16 所有格と所有代名詞

> 法則 29
>
> my book（私のもの）と mine（私のもの）は
> どちらも同じ意味を表すことがある。

英語では、私の＋名詞を私のもので表すことができます。
次をよく覚えてください。

私の本	my book [マーィ ブック]	私のもの	mine [マーィンヌ]
あなたの本	your book [ユア ブック]	あなたのもの	yours [ユアズ]
彼の本	his book [ヒズ ブック]	彼のもの	his [ヒズ]
彼女の本	her book [ハァ ブック]	彼女のもの	hers [ハァズ]
私たちの車	our car [アーゥァ カー]	私たちのもの	ours [アーゥァズ]
彼らの車	their car [ゼア カー]	彼らのもの	theirs [ゼアズ]
トニー君の本	Tony's book [トーゥニズ ブック]	トニー君のもの	Tony's [トーゥニズ]
だれの本	whose book [フーズ ブック]	だれのもの	whose [フーズ]

注意していただきたいことは、**my book** と **mine** が同じ意味を表す場合があるということです。

これは私の本です。	This is my book.
この本は私のものです。	This book is mine.
これらは私の本です。	These are my books.
これらの本は私のものです。	These books are mine.

確認ドリル

1 次の英文が同じ意味になるように（ ）に適当な単語を入れてください。

(1) **This is my book.** = **This book is** (　　　).
(2) **This is her book.** = **This book is** (　　　).
(3) **This is his book.** = **This book is** (　　　).
(4) **This is Tony's book.** = **This book is** (　　　).
(5) **This is our car.** = **This car is** (　　　).
(6) **This is their car.** = **This car is** (　　　).

2 次の日本語を英語に直してください。
(1) これは私の車です。　_____
(2) これはあなたの車です。　_____
(3) これは彼の車です。　_____
(4) これは彼女の車です。　_____
(5) これは彼らの車です。　_____
(6) これは私たちの車です。　_____

解答

1 (1) **mine**　(2) **hers**　(3) **his**　(4) **Tony's**　(5) **ours**　(6) **theirs**

2 (1) **This is my car.**　(2) **This is your car.**　(3) **This is his car.**
(4) **This is her car.**　(5) **This is their car.**　(6) **This is our car.**

これだけは覚えましょう

これは〔だれの本ですか〕 = この本は〔だれのものですか〕。
（これは 2、だれの本ですか 1） （この本は 2、だれのものですか 1）

Whose book is this ? = **Whose is this book** ?
（1　　2） （1　　2）

69

17 be動詞（4）

> **法則30**
> be動詞のwasは、過去の意味を表すwと
> am＋isを省略形にしたものと覚えるとよい。

be動詞には現在を表すis，am，are，過去を表すwere［ワ～］、was［ワズ］、未来を表すwill be［ウィォ ビー］があります。

このうちwasは過去の意味を表すwとam＋is＝wasになったと覚えておいたらどうでしょうか。wereは過去の意味を表すwとareがくっついて、途中でaがeに変わったものだと考えたら覚えやすいと思います。

主語が I

(1) 私はいそがしい。　　　　　　I am busy.
　　　　　　　　　　　　　　　　　［ビズィ］
(2) 私は昨日いそがしかった。　　I was busy yesterday.
　　　　　　　　　　　　　　　　　　　　　　　［いェスタディ］
(3) 私は明日いそがしいだろう。　I will be busy tomorrow.
　　　　　　　　　　　　　　　　　　　　　　　　　［トゥマゥローゥ］

主語が My father

(1) 私の父はいそがしい。　　　　　My father is busy.
　　　　　　　　　　　　　　　　　　［ファーザァ］
(2) 私の父は昨日いそがしかった。　My father was busy yesterday.
(3) 私の父は明日いそがしいだろう。My father will be busy tomorrow.

主語が We

(1) 私たちはいそがしい。　　　　　We are busy.
(2) 私たちは昨日いそがしかった。　We were busy yesterday.
(3) 私たちは明日いそがしいだろう。We will be busy tomorrow.

確認ドリル

1 次の（　）に適当なことばを入れてください。

現在を表す **am** と(1)(　) は、過去を表すときは(2)(　) になります。現在を表す **are** は、過去を表すときは(3)(　) になります。

is, am, are は、(4)(　) を表すときは(5)(　)(　) になります。

2 次の日本文を英語に直してください。

ヒント　トニー　Tony［トーゥニ］
　　　　いそがしい　busy［ビズィ］

(1) 私はいそがしい。
(2) 私は昨日いそがしかった。
(3) 私は明日いそがしいでしょう。
(4) トニー君はいそがしい。
(5) トニー君は昨日いそがしかった。
(6) トニー君は明日いそがしいでしょう。

解答

1 (1) **is**　(2) **was**　(3) **were**　(4) 未来　(5) **will be**

2 (1) **I am busy.**　(2) **I was busy yesterday.**
(3) **I will be busy tomorrow.**　(4) **Tony is busy.**
(5) **Tony was busy yesterday.**　(6) **Tony will be busy tomorrow.**

ここを間違える

否定文のときは、**was not** ＝ **wasn't**　［ワズントゥ］
　　　　　　　　were not ＝ **weren't**　［ワ〜ントゥ］
　　　　　　　　will not be ＝ **won't be**　［ウォーゥン・ビー］

t の音は飲み込むように発音してください。

18 現在完了形（1）

> 法則 31
>
> **過去からずっと今まで状態が続いているときは、
> have been または has been を使う。**

「私は昨日からずっといそがしい。」
という日本語を英語に直したいときは、次のように考えます。

I am busy now. （私はいそがしい。）
　　　　[ナーゥ]
I was busy yesterday. （私は昨日いそがしかった。）
　　　　　　[いェスタデーィ]

この2つの英文を足し算するのです。

　　I am busy now.
+　I was busy yesterday.
───────────────
I <u>am was</u>　busy　<u>now</u> yesterday.
　↓　↓　　↓　　↓　　↓
I <u>have been</u> busy <u>since</u> yesterday.

was busy（いそがしかった状態）を **have**（もっている）と考えているのです。
<u>now</u>（今）は <u>since</u> [スィンス]（〜から今まで）という単語に変化しています。このようになることから、

<u>**I have been busy**</u>　＋　<u>**since**</u>　　　　　　<u>**yesterday.**</u>
私はずっといそがしい　　〜から今まで〈いつから〉　　昨日

I が **He** になっていると **have** を **has** にしなければならないことは言うまでもありません。

72

確認ドリル

1 次の日本文を英文に直してください。

(1) 私は今いそがしい。

(2) 私は昨日いそがしかった。

(3) 私は昨日から（ずっと）いそがしい。

(4) トニー君は今いそがしい。

(5) トニー君は昨日いそがしかった。

(6) トニー君は昨日から（ずっと）いそがしい。

(7) あなたは今いそがしい。

(8) あなたは昨日いそがしかった。

(9) あなたは昨日から（ずっと）いそがしい。

解答

1 (1) I am busy now.　(2) I was busy yesterday.
(3) I have been busy since yesterday.
(4) Tony is busy now.　(5) Tony was busy yesterday.
(6) Tony has been busy since yesterday.
(7) You are busy now.　(8) You were busy yesterday.
(9) You have been busy since yesterday.

19 現在完了形（2）

> **法則32**
>
> You have been の否定文は You have not been、
> 疑問文は Have you been ～ ?

You have been a teacher　since last year.
　　　　　［ビ　ナ　ティーチァ］［スィンス　レァスチャァ］
（あなたは昨年から先生をしています。）

否定文　**You have not been** a teacher since last year.
　　　　（あなたは昨年から先生をしていません。）
疑問文　**Have you been** a teacher since last year?
　　　　（あなたは昨年から先生をしていますか。）

　このパターンは、次のパターンと同じなので、いっしょに覚えておきましょう。

You will be busy　tomorrow.
　　　　　　［ビズィ］　［トゥマゥローゥ］
（あなたは明日いそがしいでしょう。）

否定文　**You will not be** busy tomorrow.
　　　　（あなたは明日いそがしくないでしょう。）
疑問文　**Will you be** busy tomorrow?
　　　　（あなたは明日いそがしいでしょうか。）

これだけは覚えましょう

You **have not** been ＝ You **haven't** been
　　　　　　　　　　　　　　　［ヘァヴントゥ］

You **will not** be ＝ You **won't** be
　　　　　　　　　　　　　［ウォーゥントゥ］

確認ドリル

1 次の英文を否定文と疑問文にしてください。

(1) **You will be busy tomorrow.**
　（否定文）＿＿＿＿＿＿＿＿＿＿＿＿＿＿＿＿＿＿＿＿
　（疑問文）＿＿＿＿＿＿＿＿＿＿＿＿＿＿＿＿＿＿＿＿

(2) **You have been busy since yesterday.**
　（否定文）＿＿＿＿＿＿＿＿＿＿＿＿＿＿＿＿＿＿＿＿
　（疑問文）＿＿＿＿＿＿＿＿＿＿＿＿＿＿＿＿＿＿＿＿

2 次の選択肢から選んで（　）に適当な単語を入れてください。

> won't, will, be, has, been

(1) I (　　) be busy tomorrow.
(2) (　　) you (　　) busy tomorrow?
(3) I (　　) be busy tomorrow. ［否定文］
(4) Tony (　　) be busy tomorrow.
(5) Tony (　　) (　　) busy since yesterday.
(6) Tony (　　) not (　　) busy since yesterday.
(7) (　　) Tony (　　) busy since yesterday?

解答

1 (1) （否定文）You ［will not, won't］ be busy tomorrow.
　　　（疑問文）Will you be busy tomorrow?
　(2) （否定文）You ［have not, haven't］ been busy since yesterday.
　　　（疑問文）Have you been busy since yesterday?

2 (1) will　(2) Will, be　(3) won't　(4) will
　(5) has been　(6) has, been　(7) Has, been

20 be動詞＋現在分詞形または過去分詞形

> **法則33**
>
> be動詞は、動詞ingや動詞edといっしょに使うと
> それぞれ「〜している」「〜される」という意味になる。

　動詞のうしろに **ing** をつけたり **ed** をつけて、形容詞のはたらきをする単語にすることがあります。ただし **ed** ではなく、まったく違った動詞の変化になることもあります。
　このように動詞 **ing** にすると（〜している）、動詞 **ed** にすると（〜される）を表す意味の単語になります。このようなときは、必ず **be** 動詞＋**ing** または **ed** という形で使うことになっています。

　私は走っています。を訳したいときは、走る **run** ［ゥランヌ］という動詞に **ing** をつけて **running** ［ゥランニ・］にすることで、走っているという意味の単語になります。**n** を重ねて **ing** にすることもあります。詳しいことはまた別のところで話します。
　ということで　**I am running.** となります。

この時計はここで作られています。
作る　**make** ［メーィク］
作られているという意味の単語が **made** ［メーィドゥ］なので、この単語を使って英語に直します。

この時計は作られています　〈どこで〉　ここで
This watch is made　　　　　　here.
［ずィス　ワッチ　イズ　メーィドゥ］　　　［ヒァァ］
　このようになります。

これだけは覚えましょう
- 〜を壊す　**break** ［ブゥレーィク］
- 壊れている、壊されている　**broken** ［ブゥローゥクンヌ］

確認ドリル

1 次の日本語を英語に直してください。

ヒント 私 I［アーィ］ トニー君 Tony［トーゥニ］
走る run［ゥランヌ］ runs［ゥランズ］
走っている running［ゥラニン・］
〜をする do［ドゥー］ does［ダズ］
〜をしています doing［ドゥーイン・］
宿題 homework［ホーゥムワ〜ク］
この時計 this watch［ずィス ワッチ］
作られている made［メーィドゥ］ ここで here［ヒァァ］
壊れている broken［ブゥローゥクンヌ］

(1) 私は走る。
(2) 私は走っています。
(3) トニー君は走る。
(4) トニー君は走っています。
(5) 私は私の宿題をする。
(6) 私は私の宿題をしています。
(7) トニー君は彼の宿題をする。
(8) トニー君は彼の宿題をしています。
(9) この時計はここで作られています。
(10) この時計は壊れています。

解答

1 (1) **I run.** (2) **I am running.** (3) **Tony runs.**
(4) **Tony is running.** (5) **I do my homework.**
(6) **I am doing my homework.** (7) **Tony does his homework.**
(8) **Tony is doing his homework.** (9) **This watch is made here.**
(10) **This watch is broken.**

21 進行形

> **法則 34**
>
> 進行形は、「be 動詞＋動詞 ing 形」で表す。
> be 動詞は、現在であれば is, am, are,
> 過去は was, were, 未来は will be を使う。

〜しているを表すときに、動詞の ing 形を使います。
例えば、食べるは **eat** [イートゥ]、食べているは **eating** [イーティン・]、食べているは進行しているので進行形と言います。

これが (1) 今のことであれば   is, am, are
        (2) 過去のことであれば   was [ワズ], were [ワー]
        (3) 未来のことであれば   will be [ウィオ ビー]
といっしょに使います。

(1) 私は食べています。   **I am eating.**
(2) 私は食べていました。   **I was eating.**
(3) 私は食べているでしょう。   **I will be eating.**

not eating で 食べていない
それが (1) 今のことであれば   [is, am, are] + not eating
       (2) 過去のことであれば   [was, were] + not eating
となります。
ただし (3) 未来のときだけは **will not be eating**
となります。

(1) 私は食べていません。   **I am not eating.**
(2) 私は食べていなかった。   **I was not eating.**
(3) 私は食べていないでしょう。 **I will not be eating.**

確認ドリル

1 次の日本語を英語に直してください。

ヒント　drinking [ジュリンキン・] 酒を飲んでいる

(1) 私は酒を飲んでいます。　　　＿＿＿＿＿＿＿＿＿＿
(2) 私は酒を飲んでいました。　　＿＿＿＿＿＿＿＿＿＿
(3) 私は酒を飲んでいるでしょう。＿＿＿＿＿＿＿＿＿＿
(4) 私は酒を飲んでいません。　　＿＿＿＿＿＿＿＿＿＿
(5) 私は酒を飲んでいませんでした。＿＿＿＿＿＿＿＿＿
(6) 私は酒を飲んでいないでしょう。＿＿＿＿＿＿＿＿＿
(7) あなたは酒を飲んでいますか。＿＿＿＿＿＿＿＿＿＿
(8) あなたは酒を飲んでいましたか。＿＿＿＿＿＿＿＿＿
(9) あなたは酒を飲んでいるでしょうか。＿＿＿＿＿＿＿

解答

1
(1) **I am drinking.**　　(2) **I was drinking.**
(3) **I will be drinking.**　(4) **I am not drinking.**
(5) **I was not drinking.**　(6) **I will not be drinking.**
(7) **Are you drinking?**　(8) **Were you drinking?**
(9) **Will you be drinking?**

ここが大切

本来は、**drinking** の次にいつのことかをはっきり言っている単語が来るのが普通です。

- 今のことなら、　　**now**　　　[ナーゥ]　　　　今
- 過去のことなら、**then**　　　[ゼンヌ]　　　　そのとき
  　　　　　　　　yesterday [ィエスタデェーィ] 昨日
- 未来のことなら、**tomorrow** [トゥマゥローゥ]　明日

Part 4

いろいろな英文の
作り方がわかる

〈法則 35〜56〉

1 否定文と疑問文（1）be動詞

> **法則 35**
>
> 否定文は「①＋②＋ not ～」、
> 疑問文は「②＋①＋ ～ ?」と覚えよう。

英語には、次の3つの文のパターンがあります。
- (ア) **Tony is a teacher.** （トニー君は先生です。）
- (イ) **Tony is not a teacher.** （トニー君は先生ではありません。）
- (ウ) **Is Tony a teacher?** （トニー君は先生ですか。）

この(ア)の文を肯定文（～は～です。）
　　(イ)の文を否定文（～は～ではありません。）
　　(ウ)の文を疑問文（～は～ですか。）、と言います。

肯定文を否定文にするときには、**not**（～ではない）という単語をどこに入れればよいかを考える必要があります。

学校では is のうしろに **not** を入れると習いますが、私は大切な単語の前に **not** を入れると覚えた方がよいと思います。

Tony — is　　　　**Tony — a teacher**
（トニー君—です）　　（トニー君—先生）

どちらのかたまりの方が意味がわかりますか。当然トニー君—先生ではないでしょうか。このように考えて、先生が大切なことばと考えて、その前に **not** を入れるのです。すると次のような英文ができます。

Tony is not a teacher.

仮に **not** の左側に①と②の番号をつけると次のようになります。

Tony is not a teacher.
　①　　②

肯定文に **not** を入れて①②と番号をつけると、①②**not** を否定文と言います。そして②①にすると疑問文になるのです。

この法則はどんな英文でも同じことが言えます。

確認ドリル

1 次の英文を否定文と疑問文にしてください。

どこに **not** を入れるかをまず考えて、①②**not** にしてから②①にすると疑問文になります。

(1) **Tony is a teacher.**
トニー君 です 先生
（否定文）＿＿＿＿＿＿＿＿＿＿＿＿＿＿＿＿＿＿
（疑問文）＿＿＿＿＿＿＿＿＿＿＿＿＿＿＿＿＿＿

(2) **Tony can run.**　　　　　　　　［発音］can［ケン］
トニー君 できる 走る
（否定文）＿＿＿＿＿＿＿＿＿＿＿＿＿＿＿＿＿＿
（疑問文）＿＿＿＿＿＿＿＿＿＿＿＿＿＿＿＿＿＿

(3) **You are running.**
あなた です 走っている
（否定文）＿＿＿＿＿＿＿＿＿＿＿＿＿＿＿＿＿＿
（疑問文）＿＿＿＿＿＿＿＿＿＿＿＿＿＿＿＿＿＿

解答

1 (1) （否定文）**Tony is not a teacher.**
　　　（疑問文）**Is Tony a teacher?**
　(2) （否定文）**Tony can not run.**
　　　（疑問文）**Can Tony run?**
　(3) （否定文）**You are not running.**
　　　（疑問文）**Are you running?**

ここを間違える

英語は、英文の最初の文字を一文字だけ大文字にします。ただし I（私）と人の名前だけは **Tony** のように場所に関係なく大文字になります。

2 否定文と疑問文（2）一般動詞、助動詞

> **法則 36**
>
> 否定文「①＋②＋ not ～」の②がないときは、
> 現在のことなら do または does をおぎなう。

例えば次のような英文があるとします。

<u>Tony</u>　<u>can</u>　<u>speak</u>　<u>English</u>.
トニー君　できる　話す　　英語

この場合、**Tony — can　Tony — speak　Tony — English** のうちの、どのかたまりがよく意味がわかるかを考えます。

Tony — speak が一番意味がよくわかるので、否定文では **speak** の前に **not** を入れます。

<u>Tony can</u> not speak English.
　①　　②

このことから疑問文は次のようになります。

<u>Can Tony</u> speak English?
　②　　①

それでは同じように次の英文を考えてみることにします。

<u>Tony</u>　<u>speaks</u> <u>English</u>.
トニー君　話す　　英語

Tony — speaks　　Tony — English

Tony — speaks の方がよく意味がわかるので、否定文では、**Tony not speaks English.** になります。

ところがこの場合、①②**not** のうち②の部分がないので、**speaks** の s を消して②のところに **does**［ダズ］を入れます。

<u>Tony does</u> not speak English.
　①　　②

次のようにすると、疑問文を作ることができます。

<u>Does Tony</u> speak English?
　②　　①

確認ドリル

1 次の英文を否定文と疑問文にしてください。

①②**not** にしたときに②がないときに、動詞に **s** がついていないときは **do**、ついているときは **s** を消して **does** を②のところに入れてください。

(1) <u>**That boy**</u> <u>**swims.**</u>
あの少年　泳ぐ

[発音] swims［スウィムズ］

（否定文）_____

（疑問文）_____

(2) <u>**That boy**</u> <u>**can**</u>　<u>**swim.**</u>
あの少年　できる　泳ぐ

（否定文）_____

（疑問文）_____

(3) <u>**You**</u>　<u>**speak English.**</u>
あなた　話す　英語

[発音] speak English［スピーク　イングリッシ］

（否定文）_____

（疑問文）_____

Part 4　いろいろな英文の作り方がわかる

解答

1 (1) （否定文）**That boy does not swim.**
　　　（疑問文）**Does that boy swim?**

(2) （否定文）**That boy can not swim.**
　　（疑問文）**Can that boy swim?**

(3) （否定文）**You do not speak English.**
　　（疑問文）**Do you speak English?**

3 一般動詞の過去形

> 法則 37
>
> **一般動詞の過去形は、「did＋動詞」と同じ。**

英語の動詞は、いろいろと変化します。

過去形を表したいときは、動詞のうしろに **ed** をつけることが多いのです。**do**［ドゥー］, **does**［ダズ］には<u>する</u>という意味の動詞があります。この動詞の過去形が<u>した</u>という意味で、**did**［ディッドゥ］と言います。

do, does は助動詞としてのはたらきもあります。否定文と疑問文を作るときに使われます。<u>現在</u>のことを表す<u>否定文</u>と<u>疑問文</u>を表すときは **<u>do, does</u>** を使い、<u>過去</u>のことを表したいときは **<u>did</u>** を使います。

例えば、「私はこの本が欲しかった。」という日本語を英語に訳したいとき、
［アーィ　ワンティッドゥ］　［ずィス　ブック］
I wanted　　　　　　this book.
私は欲しかった　　　　　この本

となりますが、次のようにしてもほとんど同じ意味を表すことができます。

I did want　　　this book.
私は本当に欲しかった　　この本

よく見ていただくとわかるのですが、**wanted**［ワン<u>ティッドゥ</u>］と **did**［ディッドゥ］が同じ音を表していることに気がつきます。

このことから、**did want** にするときは、**wanted** の **ed** が必要がないということがわかります。

> ここが大切

spoke［スポーック］（話した）を **did** で言いかえると、**did speak** となります。

ed だけではなく、動詞の過去形はすべて **did＋動詞**で言いかえることができるのです。

確認ドリル

1 次の英語を **did** を使って書きかえてください。

ヒント　speak［スピーク］〜を話す　eat［イートゥ］〜を食べる

(1) <u>I</u>　<u>spoke</u>　<u>English</u>.　［アーィ　スポーゥク　イングリッシ］
　　私は　話した　　英語
　　I (　　　) (　　　　) **English**.

(2) <u>I</u>　<u>ate</u>　<u>lunch</u>.　［アーィ　エーィトゥ　ランチ］
　　私は　食べた　昼食
　　I (　　　) (　　　　) **lunch**.

(3) <u>I</u>　<u>helped</u>　<u>Tony</u>.　［アーィ　ヘオプトゥ　トーゥニ］
　　私は　手伝った　トニー君を
　　I (　　　) (　　　　) **Tony**.

解答
1 (1) **did speak**　(2) **did eat**　(3) **did help**

これだけは覚えましょう

　You did speak English.

のように動詞の前に **did** があるときは、**did** が過去のことを表しているということなので、

　You — speak　　You — English

のように考えて　あなた—話す　が意味がよくわかることから **speak** の前に **not** を入れれば否定文になることがわかります。そして②と①をひっくり返すと疑問文になります。

①**You** ②**did not speak English.**
②**Did** ①**you speak English?**

↓

つまり過去のことを表す動詞がある場合は **did** を動詞の前に置くことで、否定文と疑問文を作ることができるのです。

4 否定文と疑問文（3）一般動詞、助動詞

> **法則 38**
>
> do it は do do it, does it は does do it,
> did it は did do it と考えよう。

次のように考えると否定文と疑問文の作り方がよくわかります。

私はそれをする。	私は本当にする〈何を〉それを
	I do it. ＝ I do do it.
トニー君はそれをする。	トニー君は本当にする〈何を〉それを
	Tony does it. ＝ Tony does do it.
私はそれをした。	私は本当にした〈何を〉それを
	I did it. ＝ I did do it.
トニー君はそれをした。	トニー君は本当にした〈何を〉それを
	Tony did it. ＝ Tony did do it.

このようになることから、否定文と疑問文は次のようになります。

I do it. ＝ I do do it.
（否定文）I do not do it.
（疑問文）Do I do it?

Tony does it. ＝ Tony does do it.
（否定文）Tony does not do it.
（疑問文）Does Tony do it?

I did it. ＝ I did do it.
（否定文）I did not do it.
（疑問文）Did I do it?

Tony did it. ＝ Tony did do it.
（否定文）Tony did not do it.
（疑問文）Did Tony do it?

確認ドリル

1 次の（　）に適当な単語を入れてください。

(1) **I do it.** = (ア) I (　　　) (　　　) it.
　（否定文）　(イ) I (　　　) (　　　) (　　　) it.
　（疑問文）　(ウ) (　　　) I (　　　) it?

(2) **Tony does it.** = (ア) Tony (　　　) (　　　) it.
　（否定文）　　(イ) Tony (　　　) (　　　) (　　　) it.
　（疑問文）　　(ウ) (　　　) Tony (　　　) it?

(3) **I did it.** = (ア) I (　　　) (　　　) it.
　（否定文）　(イ) I (　　　) (　　　) (　　　) it.
　（疑問文）　(ウ) (　　　) I (　　　) it?

(4) **Tony did it.** = (ア) Tony (　　　) (　　　) it.
　（否定文）　　(イ) Tony (　　　) (　　　) (　　　) it.
　（疑問文）　　(ウ) (　　　) Tony (　　　) it?

解答

1 (1) (ア) **do do**　(イ) **do not do**　(ウ) **Do, do**
　　(2) (ア) **does do**　(イ) **does not do**　(ウ) **Does, do**
　　(3) (ア) **did do**　(イ) **did not do**　(ウ) **Did, do**
　　(4) (ア) **did do**　(イ) **did not do**　(ウ) **Did, do**

これだけは覚えましょう

do not　= **don't**　［ドーゥントゥ］
does not = **doesn't**　［ダズントゥ］
did not　= **didn't**　［ディドゥントゥ］

〈発音はこれで OK〉

didn't は「ディッ・ントゥ」と発音すると英語らしく聞こえます。
d の音を飲み込むようにして「ン」と鼻から抜きながら発音してください。

Part 4　いろいろな英文の作り方がわかる

5 have のはたらき

> **法則 39**
>
> have には、動詞と助動詞のはたらきがある。
> それを見やぶる方法。

(1) <u>You</u>　<u>have</u>　　seen　Tokyo Tower.　　［発音］ seen［スィーン］
　　あなた　もっている　見た　　　東京タワー
　　=（あなたは東京タワーを見たことがある。）

(2) <u>You</u>　<u>have</u>　　<u>10 yen.</u>　　　　　　［発音］ 10 yen［テン いェンヌ］
　　あなた　もっている　10円　=（あなたは10円をもっている。）

　①②**not** の法則を使うと **have** には動詞と助動詞のはたらきがあることがわかります。

　助動詞とは、否定文と疑問文を作るときに②のところにおいて、動詞を助けることばのことです。

　それでは(1)と(2)の否定文を作ってみましょう。①②**not** がはじめからあると、②のところにきている単語が助動詞なのです。

You — have（あなた—もっている）　You — seen（あなた—見た）
You — Tokyo Tower（あなた—東京タワー）

　You — seen が一番意味がわかるので、seen の前に not を入れます。
(1)の否定文は、<u>You have not seen Tokyo Tower.</u>
　　　　　　　　　① 　②

　このことから **have** が助動詞であることがわかります。

You — have（あなた—もっている）　You — 10 yen（あなた—10円）

　You — have の方が意味がわかるので have の前に **not** を入れます。
<u>You</u> not have 10 yen.
①

　①②**not** の②がないことから、**do** を入れると否定文になります。このことから **do** が助動詞で **have** は動詞であることがわかります。
(2)の否定文は、<u>You</u> do not have 10 yen.
　　　　　　　　①

確認ドリル

1 次の英文を否定文と疑問文にしてください。

(1) **You   have   a book.**
   あなた　もっている　本
   （否定文）＿＿＿＿＿＿＿＿＿＿＿＿＿＿＿＿＿＿＿＿＿
   （疑問文）＿＿＿＿＿＿＿＿＿＿＿＿＿＿＿＿＿＿＿＿＿

(2) **Tony   has   a book.**
   トニー君　もっている　本
   （否定文）＿＿＿＿＿＿＿＿＿＿＿＿＿＿＿＿＿＿＿＿＿
   （疑問文）＿＿＿＿＿＿＿＿＿＿＿＿＿＿＿＿＿＿＿＿＿

(3) **You   have   visited Tokyo Tower.**
   あなた　もっている　訪れた　東京タワー
   [発音] visited ［ヴィズィッティドゥ］
   　　　 Tokyo Tower ［トーキョ　ターゥァ］
   （否定文）＿＿＿＿＿＿＿＿＿＿＿＿＿＿＿＿＿＿＿＿＿
   （疑問文）＿＿＿＿＿＿＿＿＿＿＿＿＿＿＿＿＿＿＿＿＿

Part 4　いろいろな英文の作り方がわかる

解答

1 (1)　（否定文）**You do not have a book.**
　　　（疑問文）**Do you have a book?**
　(2)　（否定文）**Tony does not have a book.**
　　　（疑問文）**Does Tony have a book?**
　(3)　（否定文）**You have not visited Tokyo Tower.**
　　　（疑問文）**Have you visited Tokyo Tower?**

6 助動詞（1）

法則 40

You [must, have to] 〜 （あなたは〜しなければならない）
I [will, am going to] 〜 （私は〜するつもりである）
I [can, am able to] 〜 （私は〜できる）

助動詞には覚えなければいけない表現がたくさんあります。

これだけは覚えましょう

- あなたは勉強しなければならない。
  You must study. ＝ **You have to study.**
- 私は勉強するつもりです。
  I will study. ＝ **I am going to study.**
- 私は泳ぐことができる。
  I can swim. ＝ **I am able to swim.**
  ［発音］can［ケン］ able［エーィボー］

ここを間違える

- あなたは遊んではいけない。
  You must not play. ［発音］play［プレーィ］
- あなたは遊ぶ必要はない。
  You don't have to play.

〈解説〉

もともと同じ意味の **must ＝ have to** を否定文にすると意味がまったく違っています。これは次のような理由によるものです。

- **You must not play.**
  あなたはしなければならない＋遊ばないように＝遊ばないようにしなさい。
- **You don't have to play.**
  あなたはもっていない＋遊ぶこと ＝ 遊ぶ必要がない。

確認ドリル

1 次の（　）に適当な単語を入れてください。

(1) あなたは泳がなければならない。
You (　　) swim. ＝ You (　　) (　　) swim.

(2) あなたは泳いではならない。
You (　　) (　　) swim.

(3) あなたは泳ぐ必要はない。
You (　　) (　　) (　　) swim.

(4) 私は泳ぐことができる。
I (　　) swim. ＝ I (　　) (　　) (　　) swim.

(5) 私は泳ぐつもりです。
I (　　) swim. ＝ I (　　) (　　) (　　) swim.

2 次の（　）に適当な単語を入れてください。
ヒント　has to［ヘァスタ］、have to［ヘァフタ］、had to［ヘァッ・タ］
(注)　to の次にアイウエオから始まる単語がきているときには to をトゥとも読みます。

(1) トニー君は勉強しなければならない。
Tony (　　) (　　) study.

(2) トニー君は勉強しなければならなかった。
Tony (　　) (　　) study.

(3) トニー君は勉強しなければならないでしょう。
Tony will (　　) (　　) study.

解答
1 (1) must, have to　(2) must not　(3) don't have to
(4) can, am able to　(5) will, am going to
2 (1) has to　(2) had to　(3) have to

Part 4　いろいろな英文の作り方がわかる

7 助動詞（2）

> **法則41**
>
> [May, Can] I ～?　　　（～してもいい？）
> Shall I ～?　　　　　（～しましょうか？）
> [Will, Can] you ～?　　（～してくれる？）
> [Would, Could] you ～?（していただける？）

英語には助動詞というものがあります。動詞を助けると考えてください。

学校を例にとって考えると、校長先生に会いたいと言うと、必ず事務の先生が、「校長先生に出会いたいという人が来られているのですが、お会いになりますか。」というような話になると思います。

英語でも、いきなり動詞がでてくるのではなくて、はじめに助動詞が出てくると考えておくとわかりやすいのではないでしょうか。

ここが大切

英語では、英文の中に助動詞があると、主語と助動詞をひっくり返して、疑問文を作るのです。助動詞の次に **not** を入れると否定文になるのです。

これだけは覚えましょう

<u>May I</u> watch TV?	（テレビを見てもいいですか。）
<u>Can I</u> watch TV?	（テレビを見てもいい？）
<u>Shall I</u> clean your room?	（あなたの部屋を掃除しましょうか。）
<u>Will you</u> clean my room?	（私の部屋を掃除してくれる？）
<u>Can you</u> clean my room?	（私の部屋を掃除してもらえますか。）
<u>Would you</u> clean my room?	（私の部屋を掃除していただけますか。）
<u>Could you</u> clean my room?	（私の部屋を掃除していただけますか。）

[発音]　May I［メーィアーィ］、Can I［キャナーィ］、Shall I［シャラーィ］
　　　　Will you［ウィリュー］、Can you［キャニュー］、Would you［ウッヂュー］
　　　　Could you［クッヂュー］、watch TV［ワッチ　ティーヴィー］
　　　　clean your room［クリーン　ユア　ゥルーム］

確認ドリル

1 次の（ ）に適当な単語を入れてください。

(1) あなたの部屋を掃除しましょうか。
　　（　　　　）**I clean your room?**
(2) テレビを見てもいい？
　　（　　　　）**I watch TV?**
(3) テレビを見てもいいですか。
　　（　　　　）**I watch TV?**
(4) 私の部屋を掃除してくれる？
　　（　　　　）**you clean my room?**
(5) 私の部屋を掃除してもらえますか。
　　（　　　　）**you clean my room?**
(6) 私の部屋を掃除していただけますか。
　　[（　　　　），（　　　　）] **you clean my room?**
(7) この部屋を掃除しませんか。
　　（　　　　）（　　　　）**clean this room?**

解答

1 (1) **Shall**　(2) **Can**　(3) **May**　(4) **Will**　(5) **Can**
(6) **Would** または **Could**　(7) **Shall we**

ここを間違える

Shall I ～ ? は「私がしましょうか。」
Shall we ～ ? は「～しませんか。」
のように提案する表現になります。

8 疑問詞のある疑問文

法則 42
「はい」「いいえ」で答えられないときは、
疑問詞のついた疑問文

　英語には、「はい」「いいえ」で答えられる英文と答えられない英文があります。まず日本文で考えてみたいと思います。
(1)　あなたは東京に住んでいますか。[「はい」「いいえ」で答えられる]
(2)　あなたはどこに住んでいますか。[「はい」「いいえ」で答えられない]

　「はい」「いいえ」で答えられる英文は、英文の中に動詞があるときは
[**Do, Does**] ＋主語　～？
　英文の中に動詞がないときは
[**Is, Are, Am**] ＋主語　～？

「はい」「いいえ」で答えられないときは、
疑問詞＋疑問文？

　このことから、(1)と(2)の英文は次のようになります。

(1)　**Do you live　　　in Tokyo?** ［ドゥ　ユー　リヴ　イン　トーキョ］
　　　あなたは住んでいますか　　東京に
(2)　**Where do you live?** ［ウェア　ドゥ　ユー　リヴ］
　　　どこに　あなたは住んでいますか

ここが大切
　疑問詞とは、**when** ［ウェンヌ］いつ、**where** ［ウェアァ］どこで、**what** ［ワットゥ］何を、**who** ［フー］だれを、**which** ［ウィッチ］どれを、**how** ［ハーゥ］どういうふうに、**why** ［ワーィ］なぜ、などがあります。
　この他に **how many books** ［ハーゥ　メニ　ブックス］何冊の本、**how much** ［ハーゥ　マッチ］いくら、を覚えておきましょう。

確認ドリル

1 次の日本語を英語にしてください。

(1) いつ （　　　　）　(2) どこで （　　　　　）
(3) だれを （　　　　）　(4) どういうふうに （　　　　）
(5) なぜ （　　　　）　(6) 何冊の本 （　　　　　）
(7) いくら （　　　　　）　(8) どれを （　　　　　）
(9) 何を （　　　　）

2 次の日本語を英語にしてください。

(1) あなたはいつ勉強しますか。
___

(2) あなたはなぜ勉強しますか。
___

(3) あなたはどこで勉強しますか。
___

(4) あなたはどういうふうに勉強しますか。
___

(5) あなたはだれを好きですか。
___

(6) あなたはどれを好きですか。
___

解答

1 (1) **when** (2) **where** (3) **who** (4) **how**
(5) **why** (6) **how many books** (7) **how much**
(8) **which** (9) **what**

2 (1) **When do you study?** (2) **Why do you study?**
(3) **Where do you study?** (4) **How do you study?**
(5) **Who do you like?** (6) **Which do you like?**

Part 4 いろいろな英文の作り方がわかる

9 間接疑問文（1）

法則 43

**完全な英文の前には that を入れるか、
疑問詞のある疑問文を「疑問詞＋普通の文」
にすると、かたまりになる。**

I know that boy. のような完全に意味がわかる文の場合は、**that**＋文にすることで、文をかたまりにすることができます。

I know that boy.　　　（私はあの少年を知っています。）
that I know that boy　（私があの少年を知っているということ）

Where does Tony live? のような疑問詞のついた疑問文は、疑問詞＋普通の文にするとかたまりになります。

Where does Tony live?　（トニー君はどこに住んでいますか。）
where Tony lives　　　（トニー君がどこに住んでいるかということ）

ここを間違える

ただし、次のような疑問詞のついた疑問文は、まったく同じ形で疑問文とかたまりの意味を表します。

Who likes Tony?
だれが　トニー君を好きですか。

意味は疑問文なのですが、並べ方が肯定文（普通の文）と同じなので、このままでもかたまりを表すのです。

who likes Tony
だれがトニー君を好きかということ

ここが大切

このように、文の中に疑問詞のついた疑問文がかたまりになっているものを、**間接疑問文**と呼んでいます。

郵便はがき

112-0005

恐れ入りますが
52円切手を
お貼り下さい

東京都文京区水道2-11-5

明日香出版社 行
プレゼント係

感想を送って頂いた方10名様に
毎月抽選で図書カード（500円）をプレゼント！

── ご注文はこちらへ ──

※別途手数料・送料がかかります。（下記参照）
※お支払いは〈代金引換〉です。（クロネコヤマト）

ご注文 合計金額（税込）	
1500円以上	手数料230円
1500円未満	手数料230円＋送料300円

ご注文書籍名	冊数

弊社WEBサイトからもご意見、
ご感想の書き込みが可能です！

明日香出版社HP http://www.asuka-g.co.jp

愛読者カード 弊社WEBサイトからもご意見、ご感想の書き込みが可能です

この本のタイトル

月　日頃ご購入

| ふりがな
お名前 | | 性別 | 男女 | 年齢 | 歳 |

ご住所　郵便番号（　　　　　）　電話（　　　　　　　）

都道府県

メールアドレス

商品を購入する前にどんなことで悩んでいましたか？

何がきっかけでこの商品を知りましたか？　① 店頭で　② WEBで　③ 広告で

商品を知ってすぐに購入しましたか？しなかったとしたらなぜですか？

何が決め手となってこの商品を購入しましたか？

実際に読んでみていかがでしたか？

ご意見、ご感想をアスカのホームページで公開してもよいですか？
① 名前を出してよい　② イニシャルならよい　③ 出さないでほしい
①と②を選択していただき誠に有難うございます。
ホームページに いいね！ と twitter があります。
ぜひポチッをお願い致します。

●その他ご意見・出版して欲しいテーマなど

●感想をお聞かせ下さい
① 価格（高い・安い・ちょうど良い）　③ レイアウト（見にくい・見やすい）
② 装丁（悪い・良い・普通）　　　　　④ 総評（悪い・良い・普通）

＊ご記入いただいた個人情報は厳重に管理し、小社からのご案内や商品の発送以外の目的で使用することはありません。

確認ドリル

1 次の出だしの英文にかたまりをくっつけて正しい英文にしてください。

(1) **I know** + **Tony is a teacher.**
（トニー君は先生です。）
(英語) _____

(2) **I know** + **Where does Tony live?**
（トニー君はどこに住んでいますか。）
(英語) _____

(3) **I know** + **How old are you?**
（あなたは何才ですか。）
(英語) _____

(4) **I know** + **What is in this box?**
（何がこの箱の中に入っていますか。）
(英語) _____

(5) **I know** + **Who does Tony like?**
（トニー君はだれを好きですか。）
(英語) _____

解答

1 (1) **I know that Tony is a teacher.**
(2) **I know where Tony lives.**
(3) **I know how old you are.**
(4) **I know what is in this box.**
(5) **I know who Tony likes.**

10 間接疑問文（2）

> **法則44**
>
> 「疑問詞＋主語＋動詞〜」の形でなく、
> 動詞がないときは be 動詞をおぎなう。

「私はあなたがどこに住んでいるのか知っています。」

私は知っています ＋ <u>どこに</u> ＋ <u>あなたが住んでいる</u>
　　　　　　　　　　疑問詞　　　　主語＋動詞

（答え）　**I know where you live.**

「私はあなたが何才であるか知っています。」

私は知っています ＋ <u>何才</u> ＋ <u>あなた</u>　<u>　　　　</u>
　　　　　　　　　　疑問詞　　主語　＋　動詞がない

このように疑問詞＋主語＋動詞がないときは、適当な be 動詞をおぎなってください。

I know how old you
　　　　　［ハーゥ　オーゥオドゥ］

動詞がないとこのようになり、変な英語になってしまうので、**you** の次に **are** をおぎなって正しい英文にします。

（答え）**I know how old you are.**

「私はだれがあなたを好きなのか知っています。」

次のように「が」のパターンになっているときは、肯定文（普通の文）と同じ並べ方で良いのです。

<u>私は知っています</u>　＋　<u>だれが好きです</u>　〈だれを〉　あなた
I know　　　　　　　　who likes　　　　　　　　　　you.

（答え）**I know who likes you.**

確認ドリル

1 次の日本文を英文に直してください。

(1) 私はあなたがどこに住んでいるのか知っています。
　_____

(2) 私はトニー君がどこに住んでいるのか知りません。
　_____

(3) 私はあなたが何才か知っています。
　_____

(4) 私はトニー君が何才か知りません。
　_____

(5) 私はだれがあなたを好きか知っています。
　_____

(6) 私はあなたがだれを好きなのか知っています。
　_____

解答

1 (1) **I know where you live.**　(2) **I don't know where Tony lives.**
　　(3) **I know how old you are.**　(4) **I don't know how old Tony is.**
　　(5) **I know who likes you.**　(6) **I know who(m) you like.**

ここを間違える

だれがあなたを好きなのか
<u>だれが好きなのか</u>〈だれを〉あなた　＝　**who likes you**

あなたがだれを好きなのか
<u>だれを</u>＋<u>あなたが好きなのか</u>　＝　**who(m) you like**

11 感嘆文（1）

> **法則 45**
>
> How tall !　（なんて背が高いの！）
> What a boy !（なんて少年なの！）

how にはもともと(1) どれぐらい、(2) なんと、という意味があります。
tall には、(1) 背が高い、(2) ある背の高さがある、という意味があります。
この2つをそれぞれ組み合わせると次のようになります。

How　　＋　　**tall!**
なんと　　＋　　背が高いの！

How　　＋　　**tall?**
どれぐらい　＋　背の高さがあるの？

このようになることから、2つの意味があることがわかります。

what には「何」という意味があります。
例えば、「これは何ですか。」"**What is this?**" とたずねたら、「ペンです。」"**It's a pen.**" と答えます。このことから、**what** と **a pen** がくっつきやすいことがわかります。

これを利用して、"**What a boy!**" というと「なんて少年なんだろう！」という意味を表す英文を作ることができます。もし、もう少し詳しく言いたければ、「なんて大きな少年なんだろう！」"**What a big boy!**" とすればよいのです。

ここが大切
(1) びっくりしたときにつけるマークを「！」（感嘆符）と言います。
　　このマークのついた文を感嘆文と言います。
(2) 疑問に思ったときにつけるマークを「？」（疑問符）と言います。
　　このマークのついた文を疑問文と言います。

確認ドリル

1 （　）に適当なことばを入れてください。

how にはもともと (ア)（　　　　　）、なんと、という意味があります。
tall には、(イ)（　　　　　）、ある背の高さがある、という意味があります。
この2つをそれぞれ組み合わせると次のようになります。

How ＋ tall!
(ウ)（　　　　　） ＋ (エ)（　　　　　　　）！　［日本語の意味］

How ＋ tall?
(オ)（　　　　　） ＋ (カ)（　　　　　　　）？　［日本語の意味］

2 次の日本文を英文にしてください。

(1) なんてイヌなんだろう！　＿＿＿＿＿＿＿＿＿＿
(2) なんと大きいのだろう！　＿＿＿＿＿＿＿＿＿＿
(3) なんて先生なんだろう！　＿＿＿＿＿＿＿＿＿＿
(4) なんと背が高いのだろう！　＿＿＿＿＿＿＿＿＿＿
(5) なんて大きいイヌなんだろう！　＿＿＿＿＿＿＿＿＿＿
(6) なんて背が高い先生なんだろう！　＿＿＿＿＿＿＿＿＿＿

解答

1 (ア) どれぐらい　(イ) 背が高い　(ウ) なんと
　　(エ) 背が高いの　(オ) どれぐらい　(カ) 背の高さがあるの

2 (1) **What a dog!**　(2) **How big!**　(3) **What a teacher!**
　　(4) **How tall!**　(5) **What a big dog!**
　　(6) **What a tall teacher!**

〈会話のための発音〉

How tall! は、**How** と **tall** の両方を強く長く発音し、最後を下げます。
How tall? は、**tall** の方を強く長く発音して、最後を軽く上げます。

Part 4　いろいろな英文の作り方がわかる

12 感嘆文（2）

> **法則 46**
>
> **What a big car!**（なんて大きい車なの！）、
> **How big!**（なんて大きいの！）を使って
> 同じ意味にする。

英語では同じ意味を表すことができる英文があります。
次の英文を **What a big car!**（なんて大きい車なの！）と **How big!**（なんて大きいの！）を使って同じ意味を表す英文を作ってみましょう。

(1) これはなんて大きい車なの！
(2) この車はなんて大きいの！

この2つの基本になる英文をまず作ります。

(1) <u>なんて大きい車なの</u>　+　これは
　　What a big car!
(2) <u>なんて大きいの</u>　+　この車は
　　How big!

となります。(1)と(2)の英文はどちらも、動詞がありません。動詞がないときは be 動詞をおぎなう必要があります。

(1) <u>なんて大きい車なの</u>　+　<u>これは</u>
　　What a big car　　　　this is!
(2) <u>なんて大きいの</u>　+　<u>この車は</u>
　　How big　　　　　this car is!

これでどちらも正しい英文になったわけです。
なぜならば、(1)の言いたいことは **This is a big car.** で、(2)の言いたいことは **This car is big.** です。
もう少し詳しく考えると(1) **This is a very big car.** (2)は **This car is very big.** でまったく同じ意味を表すことができるのです。

確認ドリル

1 次の日本文を英文に直してください。

ヒント car [カー] 車　big [ビッグ] 大きい
tall [トーォ] 背が高い　tree [チュリー] 木
this tree [ずィス チュリー] この木

(1) これはなんて大きい車なの!

_____

(2) この車はなんて大きいの!

_____

(3) あなたはなんて背が高いの!

_____

(4) これはなんて高い木なんだろう!

_____

(5) この木はなんて高いのだろう!

_____

2 ( ) に適当な単語を入れて2つの英文が同じ意味になるようにしてください。

(1) **This is a very big car.**
　　( ) ( ) ( ) ( ) ( ) ( ) !

解答

1 (1) **What a big car this is!**　(2) **How big this car is!**
(3) **How tall you are!**　(4) **What a tall tree this is!**
(5) **How tall this tree is!**

2 (1) **What a big car this is!**

13 付加疑問文（1）

> [法則 47]
> 付加疑問文の基本は、否定疑問文と覚えればよい。

疑問文は~ですかに対して、~ですねという言い方があります。このような言い方を付加疑問文と言います。

付加疑問文には、次の2つのパターンがあります。
(1) あなたは生徒ですね。
(2) あなたは生徒ではありませんね。
これらの付加疑問文を作りたいときは、次の法則を使ってください。

[法則] 付加疑問文は、否定疑問文
(1) **You are a student, aren't you?**
　　　　　　　　　　　　　否定疑問文

(2) **You aren't a student, are you?**
　　　否定文　　　　　　　疑問文

(1)のように「,」の前に否定文がないときは「,」のうしろのところには否定疑問文がきます。

(2)のように「,」の前に否定文がきているときは「,」のうしろのところには疑問文がきます。

ここが大切

Tony is a student, isn't he?

このように「,」の前にきている英文の主語に名詞がきているときは「,」のうしろのところの主語を代名詞にしてください。

〈発音の仕方に注意〉

You are a student, aren't you?　の読み方
(ア) 自信があるときは最後を下げます。
(イ) 自信がないときは最後を軽く上げます。

確認ドリル

1 次の法則を参考にして、日本文を英文にしてください。
[法則] 付加疑問文は、否定疑問文

(1) あの少年は英語を話しますね。

(2) あの少年は英語を話しませんね。

(3) あの少年は英語を話せますね。

(4) あの少年は英語を話せませんね。

(5) このペンはあなたのものですね。

(6) このペンはあなたのものではないですね。

解答

1
(1) **That boy speaks English, doesn't he?**
(2) **That boy doesn't speak English, does he?**
(3) **That boy can speak English, can't he?**
(4) **That boy can't speak English, can he?**
(5) **This pen is yours, isn't it?**
(6) **This pen isn't yours, is it?**

これだけは覚えましょう

<u>This</u> is your pen, <u>isn't it?</u> (これはあなたのペンですね。)
<u>That</u> is your pen, <u>isn't it?</u> (あれはあなたのペンですね。)

14 付加疑問文 (2)

> **法則48**
>
> 付加疑問文には、"Let's ~, shall we ?"
> "命令文, will you ?" もある。

付加疑問文の基本の法則は付加疑問文は否定疑問文なのですが、この法則の他に次のような法則があります。

(1) **Let's ~, shall we?** (~しませんか。)
(2) 命令文, **will you?** (~してもらえる？)

(1) 走りませんか。
　　Let's run, shall we?

この英文は、次の2つの英文を1つにしたものです。

　　Let's run. 　　　　（走りましょう。）
+ **Shall we run?** 　　（走りましょうか。）
　　Let's run, shall we? （走りませんか。）
［レッツ　ゥラン　シュオ　ウィー］

(2) その窓を開けてもらえる？
　　Open the window, will you?

この英文は、次の2つの英文を1つにしたものです。

　　Open the window. 　　　　　（窓を開けて。）
+ **Will you open the window?** （窓を開けてもらえますか。）
　　Open the window, will you? （窓を開けてもらえる？）
［オープン　ざ　ウィンドーゥ　ウィリュー］

確認ドリル

1 ( ) の中に適当な英語を入れてください。

(1) 走りましょう。　　　　　　( ) **run.**
(2) 走りませんか。　　　　　　( ) **we run?**
(3) 走りませんか。　　　　　　( ) **run,** ( ) **we?**
(4) 窓を開けて。　　　　　　　( ) **the window.**
(5) 窓を開けてもらえますか。　( ) **you open the window?**
(6) 窓を開けてもらえる？　　　( ) **the window,** ( ) **you?**

2 付加疑問文を使って、次の日本文を英文にしてください。

(1) 散歩をしませんか。
　　ヒント take a walk ［テーィカ　ウォーク］　散歩をする

_____

(2) 英語を私に教えてもらえる？
　　ヒント teach ［ティーチ］　〜を教える

_____

解答
1 (1) **Let's**　(2) **Shall**　(3) **Let's, shall**
　　(4) **Open**　(5) **Will**　(6) **Open, will**
2 (1) **Let's take a walk, shall we?**
　　(2) **Teach me English, will you?**

〈コミュニケーションのための英語情報〉

Let's run. よりも **Let's run, shall we?** の方がていねいな言い方なのですが、実際にはこの言い方はあまり使われていません。

15 命令文（1）

> **法則 49**
> **英語では、動詞からはじまるときは命令文。**

　日本語ではあまり、主語（〜は）を言いません。
　それに対して英語では、主語＋動詞のように、主語をはっきり言うことが多いのです。ところが、英語でも、命令文のときは、あなたはを省略して動詞からはじめることが多いのです。

「英語を話しなさい。」
話しなさい〈何を〉英語
Speak　　　　　　English.

　否定の命令文のときは、**Don't**＋動詞 〜．のパターンを使って英語にしてください。

「英語を話すな。」
Don't speak English.
［ドーゥン・スピーキングリッシ］

（質問）**Thank you.** は動詞からはじまっているのですが、命令文ですか。
（答え）よい質問です。
　thank は〜に感謝するという意味なので、もしも **Thank Tony.** ならばトニー君に感謝しなさい。となり、命令文になります。ところが **Thank you.** の場合は、あなたに感謝するよ。と言っていると考えれば、私はあなたに感謝するよ。の私はを表す英語の **I** が省略されていることがわかります。

確認ドリル

1 次の日本語を英語に直してください。

ヒント come [カム] 来る　here [ヒァァ] ここ [に、で]
school [スクーオ] 学校　go [ゴーゥ] 行く
to [トゥ] ～へ　watch [ワッチ] ～を見る
TV [ティーヴィー] テレビ
every day [エヴゥリ デーィ] 毎日
study [スタディ] 勉強する

(1) ここに来なさい。　＿＿＿＿＿＿＿＿＿＿
(2) 学校へ行きなさい。　＿＿＿＿＿＿＿＿＿＿
(3) ここに来るな。　＿＿＿＿＿＿＿＿＿＿
(4) 学校に来るな。　＿＿＿＿＿＿＿＿＿＿
(5) テレビを毎日見なさい。　＿＿＿＿＿＿＿＿＿＿
(6) ここで勉強をするな。　＿＿＿＿＿＿＿＿＿＿

解答

1 (1) **Come here.**　(2) **Go to school.**
(3) **Don't come here.**　(4) **Don't come to school.**
(5) **Watch TV every day.**　(6) **Don't study here.**

ここが大切

学校へ行く ＝ <u>行く</u> 〈どこへ〉 <u>学校</u>
　　　　　　　 go　　　to　　school

学校へ来る ＝ <u>来る</u> 〈どこへ〉 <u>学校</u>
　　　　　　　 come　　to　　school

テレビを毎日見る ＝ <u>見る</u> 〈何を〉 <u>テレビ</u> 〈いつ〉 <u>毎日</u>
　　　　　　　　　 watch　　　TV　　　every day

Part 4　いろいろな英文の作り方がわかる

16 命令文（2）

> **法則 50**
>
> 命令文で動詞がないときは Be から、否定命令文のときは Don't be からはじめればよい。

(1)「静かにしなさい。」
(2)「良い少年でいなさい。」

という日本文を英語に直すとき、日本文の中に動詞があるかないかを見分けることが大切です。見分け方は、次のように考えてください。

　もし動詞がないということがわかったら、**Be ～** ではじめてください。

あなたは静かではない。だから「静かにしなさい。」
You are not quiet.　　　　　**"Be quiet."**
　　　　［クワァーィエッ・］　　［ビー　クワァーィエッ・］

あなたは良い少年ではない。だから「良い少年でいなさい。」
You are not a good boy.　　　**"Be a good boy."**
　　　　［ア　グッ・ボーィ］　　　［ビー　ア　グッ・ボーィ］

ここを間違える

あなたは背が高くない。だから「背が高くなりなさい。」
You are not tall.　　　　　**"Be tall."**

　このように Be tall. でよいはずなのですが、この英文は正しくありません。背を伸ばすというのは、自分の力でどうすることもできないので、このような英語は使わない方がよいのです。

これだけは覚えましょう

　動詞がない場合の否定命令文は **Don't be ～.** で表すことができます。

あなたは急いでいます。　だから「急がないで。」
You are in a hurry.　　　　**"Don't be in a hurry."**
　　　　［イナ　ハァーゥリ］

確認ドリル

1 次の英文を命令文にしてください。

(1) **You are not quiet.** (あなたは静かではない。)
[クワーィエッ・]

___

(2) **You are not a good boy.** (あなたは良い少年ではない。)

___

(3) **You are noisy.** (あなたはやかましい。)
[ノーィズィ]

___

(4) **You are shy.** (あなたははずかしがっている。)
[シャーィ]

___

(5) **You are lazy.** (あなたはなまけている。)
[レーィズィ]

___

(6) **You are not a good student.** (あなたは良い生徒ではない。)
[ステュードゥントゥ]

___

解答

1 (1) **Be quiet.** (2) **Be a good boy.** (3) **Don't be noisy.**
(4) **Don't be shy.** (5) **Don't be lazy.** (6) **Be a good student.**

〈会話のための英語情報〉

Don't be noisy. は英語の文法上は正しい言い方ですが、あまり自然な英語ではないので、**Be quiet.**(静かにしなさい。)を使うほうがよいという人もいます。

17 make, call, keep の使い方

> **法則51**
>
> **Make me happy.** で「私を幸せにしてよ。」の意味になる。

英語の動詞の使い方で、どうしても覚えておいてほしい法則があります。
Make me happy.（私を幸せにしてよ。）の法則です。
［メーィク　ミー　ヘァピ］

make は〜を作るという意味の動詞なので、

<u>Make me</u>　　　　　　　　　<u>happy</u>.
私を作ってよ　〈どのような状態に〉　幸せな

これで<u>私を幸せにしてよ</u>。となります。

　同じパターンの使い方をする動詞がいくつかあります。

Call me Tony.　［コーォ　ミー　トーゥニ］（私をトニーと呼んでよ。）
<u>Call me</u>　　　　　　<u>Tony</u>.
私を呼んでよ　〈どのように〉　トニー

Keep this room warm.　（この部屋を暖かくしておいてよ。）
［キープ　ずィス　ゥルーム　ウォーム］
<u>Keep this room</u>　　　　　　　　　　　　<u>warm</u>.
この部屋を保っておいてよ　〈どのような状態に〉　暖かい状態に

これだけは覚えましょう

- **make** ［メーィク］　〜を作る、〜にする
- **made** ［メーィドゥ］　〜を作った、〜にした
- **call** ［コーォ］　〜を呼ぶ
- **called** ［コーォドゥ］　〜を呼んだ
- **keep** ［キープ］　〜を保つ
- **kept** ［ケプトゥ］　〜を保った

確認ドリル

1 次の日本文を英文に直してください。

(1) 私たちはあなたをトニーと呼ぶ。
 ヒント call [コーォ] ～を呼ぶ　Tony [トーゥニ] トニー

_____

(2) 私をトニーと呼んで。

_____

(3) 私はあなたを幸せにするつもりです。
 ヒント will [ウィォ] ～するつもり　make [メーィク] ～にする

_____

(4) 私を幸せにしてよ。

_____

(5) 私はこの部屋を暖かくしています。
 ヒント this room [ディス ゥルーム] この部屋
   warm [ウォーム] 暖かい

_____

(6) この部屋を暖かくしておいてよ。

_____

(7) 私は昨日この部屋を暖かくしていた。

_____

解答

1 (1) **We call you Tony.** (2) **Call me Tony.**
 (3) **I will make you happy.** (4) **Make me happy.**
 (5) **I keep this room warm.** (6) **Keep this room warm.**
 (7) **I kept this room warm yesterday.**

18 動詞+「人」+「物」と、動詞+「物」+〔to または for〕+「人」

> **法則 52**
>
> **相手にチョコレートをすぐに渡せるときは to you，
> そこにないチョコレートを渡すときは for you**

　動詞によって、並べ方が違うのが英語なのです。日本語で、「私は君にこのチョコレートをあげるよ。」のように、〜をと〜にがきている場合には、次の2つのパターンで英語に直すことができるのです。

<u>私はあげる</u>　〈だれに〉<u>君に</u>　〈何を〉<u>このチョコレート</u>
I give　　　　　　　　you　　　　　this chocolate.
<u>私はあげる</u>　〈何を〉<u>このチョコレート</u>　〈だれに〉<u>君に</u>
I give　　　　　this chocolate　　　　　　　to <u>you</u>.

　このパターンは次のように考えることができます。

(1) **I give <u>you</u> <u>this chocolate</u>.**
　　　　　 人　　　物（ぶつ）

(2) **I give <u>this chocolate</u> to <u>you</u>.**
　　　　　 物　　　　　　　　人

　このように、人、物（ぶつ）ときているときは、単語を置くだけで良いのですが、物がくると **to** [トゥ] を置いてから<u>人</u>を置くことで正しい英文を作ることができるのです。

ここが大切

　ただし、動詞によって、**to** のかわりに **for** を使うものもあります。**to** はそこにすでにあるので、すぐに相手に渡せます。**for** はそこにはないので、作ったり、買ったりしてから相手に渡せます。このように考えると、

- **buy** [バーィ]　　〜を買う、
- **get** [ゲットゥ] 〜を手に入れる
- **make** [メーィク]　〜を作る、
- **cook** [クック] 〜を料理する
- **find** [ファーィンドゥ] 〜を見つける

などは、相手に渡すのにかなり時間がかかるので、**for** を使えばよいということがわかります。

確認ドリル

1 （ ）の中に適当なことばを入れてください。

日本文の中に (ア)（　）と~にがあるときは、動詞+ (イ)（　）+ (ウ)（　）または動詞+ (エ)（　）**to** (オ)（　）、にすることで正しい英文を作ることができます。

ただし、動詞によっては **to** のかわりに (カ)（　）を使う動詞もあります。そこにあるので、すぐに相手に渡すことができる場合は (キ)（　）で、そこにまだないので、どうにかして手に入れてからではないと相手に渡せない場合は、(ク)（　）を使います。

2 次の動詞は **to** または **for** のどちらかを考えて（　）に **to** または **for** を入れてください。

(1) ～を見せる　　show + 物 + (　　) + 人
(2) ～をあげる　　give + 物 + (　　) + 人
(3) ～を作る　　　make + 物 + (　　) + 人
(4) ～を料理する　cook + 物 + (　　) + 人
(5) ～を見つける　find + 物 + (　　) + 人
(6) ～を買う　　　buy + 物 + (　　) + 人
(7) ～を手に入れる get + 物 + (　　) + 人

3 次の日本文を英文にしてください。
　私にこの本を見せて。

［人 + 物］　　　　　　　(1) Show ＿＿＿＿＿＿＿＿＿＿＿＿＿＿．
［物 + 前置詞 + 人］　　(2) Show ＿＿＿＿＿＿＿＿＿＿＿＿＿＿．

Part 4　いろいろな英文の作り方がわかる

解答

1 (ア) ～を　(イ) 人　(ウ) 物　(エ) 物　(オ) 人
　　(カ) for　(キ) to　(ク) for
2 (1) to　(2) to　(3) for　(4) for
　　(5) for　(6) for　(7) for
3 (1) me this book　(2) this book to me

117

19 when の使い方

> **法則 53**
>
> **when は「いつ」、「(いつかというと) 〜するとき」
> のように使う。**

when はいつという意味と、〜するときという意味があります。
次のように覚えればよいと思います。
when はいつ、いつかというと〜するとき
意味が覚えられたら、次は **when** をどう使うかが大切です。

[いつという意味の when の使い方]
「あなたはいつ寝ますか。」
いつ+あなたは寝ますか。
When + **do you go to bed?** ［ウェン ドゥ ユー ゴーゥ トゥ ベッ・］

[〜というときの意味の when の使い方]
「私はあなたが幸せなとき幸せです。」
私は幸せです。+あなたが幸せなとき
I am happy when you are happy.
［アーィ アム ヘァピ ウェニュー アー ヘァピ］

あなたが幸せなとき+私は幸せです。
When you are happy, I am happy.
　When からはじまるときだけは、次の英文がはじまる前に「,」(カンマ) をうちます。

これだけは覚えましょう

　〜するときを表すときの **when** は接続詞です。次のようなはたらきがあります。
　文 + **when** + 文. または **When** + 文, 文.
　(注) 文とは、主語+動詞がある完全な英語のことをさします。

確認ドリル

1 （　）に適当なことばを入れてください。

whenは (ア)（　　）という意味と (イ)（　　）という意味の2つの意味があります。(ウ)（　　）という意味で使うときは、接続詞になります。

2 次の日本語を英語に直してください。

(1) あなたはいつ寝ますか。
　ヒント　go to bed［ゴーッ　トゥ　ベッ・］寝る

_____

(2) あなたが幸せなとき、私は幸せです。

_____

(3) 私はあなたが幸せなとき、幸せです。

_____

(4) 私がテレビを見ていたとき、あなたが来ました。
　ヒント　was watching TV［ワズ　ワッチン・ティーヴィー］
　　　　　テレビを見ていたとき、came［ケーィム］来た

_____

(5) あなたが来たとき、私はテレビを見ていました。

_____

解答
1 (ア) いつ　(イ) 〜するとき　(ウ) 〜するとき
2 (1) **When do you go to bed?**
　(2) **When you are happy, I am happy.**
　(3) **I am happy when you are happy.**
　(4) **When I was watching TV, you came.**
　(5) **When you came, I was watching TV.**

20 接続詞の使い方

法則54

完全な英文が2つあるときは、接続詞がある方が副詞節となり、未来のことは現在形で表す。

(1) 接続詞+文, 文.
(2) 文+接続詞+文.

このような2つのパターンがあります。どちらにしても接続詞+文の方が、つけくわえの文と考えて副詞節と呼びます。副詞節では、未来のことを表すときでも、現在形を使って表します。

(1) **If it rains tomorrow, I will stay home.**
[イフ イットゥ ウレーィンズ トゥマゥローゥ アーィ ウィオ ステーィ ホーゥム]
(もし明日雨ならば、私は家にいるつもりです。)

(2) **I will stay home if it rains tomorrow.**
(私はもし明日雨ならば家にいるつもりです。)

ここを間違える

(a) **Please tell me　　　　　　when you will get there.**
私に教えてください　〈何を〉　いつあなたがそこに着くかということ

(b) **Please tell me　　　when you get there.**
[プリーズ テオ ミー ウェニュー ゲッ・ゼァァ]
私に教えてください　あなたがそこに着いた[とき、ら]

(a)の方は〈何を〉という疑問が生まれているので、名詞節と考えることができます。名詞節では接続詞+文の部分が名詞のはたらきをしていることを意味しています。

(b)の方は、つけくわえとして、**when you get there** を使っているので、副詞節と考えることができます。副詞節なので、未来のことでも現在形を使って表します。

確認ドリル

1 （　）に適当な日本語を入れてください。

接続詞を使う場所は次のどちらかになります。

(a) （　　　　）+文, （　　　　）.
(b) 文 + （　　　　）+ 文.

2 次の日本語を英語に直してください。

ヒント　it rains［イッ・ゥレーィンズ］雨が降る
　　　　tomorrow［トゥマゥローゥ］明日
　　　　stay home［ステーィ　ホーゥム］家にいる　if［イフ］もし
　　　　please tell me［プリーズ　テオ　ミー］私に教えてください
　　　　get there［ゲッ・ゼァァ］そこに着く

(1) もし明日雨ならば、私は家にいるつもりです。

___

(2) 私は家にいるつもりです、もし明日雨ならば。

___

(3) あなたがいつそこに着くか教えてください。

___

(4) あなたがそこに着いたら、私に教えてください。

___

解答

1 (a) （接続詞）+文, （文）. 　(b) 文+（接続詞）+文.
2 (1) **If it rains tomorrow, I will stay home.**
　　(2) **I will stay home if it rains tomorrow.**
　　(3) **Please tell me when you will get there.**
　　(4) **Please tell me when you get there.**

ここが大切

〈何を〉という疑問が生まれている名詞節の場合には、未来のときは **will** が入ります。

21 because の使い方

法則 55

because には「〜だから」と「〜なので」があり、why？
（なぜ？）と聞かれたら、because 〜（〜だから）と答える。

because［ビコーズ］には〜だからと〜なのでがあります。
Why［ワーィ］（なぜ）と聞かれたら Because＋文. で答えてください。

<u>Why</u> do you like English?
（なぜあなたは英語が好きなのですか。）
<u>Because</u> English is interesting to me.
（英語は私にとっておもしろいからです。）

〜だからと〜なのでは次のように使うこともできます。
I like English <u>because</u> it is interesting.
（私は英語がおもしろいので好きです。）
I like English, <u>because</u> it is interesting.
（私は英語が好きです、おもしろいからです。）

ここを間違える

<u>I</u> don't like English because it is interesting.

下線の部分をまず、日本語に直します。そして最後に否定のことばをおぎなって日本語に直してください。
<u>私は英語がおもしろいので英語が好きなわけではありません。</u>

確認ドリル

1 次の英語を日本語に直してください。

(1) **I like English, because it is interesting.**
ヒント　interesting［インタゥレスティン・］おもしろい

_____

(2) **I like English because it is interesting.**

_____

(3) **"Why do you like English?" "Because it is interesting."**

(4) **I don't like English because it is interesting.**

_____

2 次の日本語を英語に直してください。

(1) 私はあなたが好きです、あなたがかわいいから。
ヒント　pretty［プゥリティ］かわいい

_____

(2) 私はあなたがかわいいのであなたが好きです。

_____

解答
1 (1) 私は英語が好きです、おもしろいからです。
　(2) 私は英語がおもしろいので好きです。
　(3) なぜあなたは英語が好きなのですか。
　　　英語はおもしろいからです。
　(4) 私は英語がおもしろいので英語が好きなわけではありません。
2 (1) **I like you, because you are pretty.**
　(2) **I like you because you are pretty.**

22 Why 〜？に対する答え方

> **法則 56**
>
> **Why**（なぜ）？と聞かれたら、**Because 〜**（なぜならば〜）
> または、**To 〜**（〜するために）で答える。

英語では、疑問詞のついた疑問文があります。

疑問詞とは、**when**（いつ）、**who**（だれが）、**where**（どこで）、**how**（どのようにして）などですが、この疑問詞の中に <u>**why**</u>［ワーィ］（なぜ）という単語があります。

Why を使って聞かれると、**Because**［ビコーズ］（なぜならば）または、**To**［トゥ］（〜するために）を使って答えるのが一般的です。

［質問］　なぜあなたは英語を勉強するのですか。

　　　　<u>**Why**</u> <u>do you study English?</u>
　　　　なぜ　あなたは英語を勉強するのですか。

［答え方］　私は先生になりたいからです。

　　　　［ビコーズ　アーィ　ワン・　トゥ　ビー　ア　ティーチァ］
　　　　<u>**Because**</u> <u>I want to be</u>　<u>a teacher.</u>
　　　　から　　　　私はなりたい　　　先生に

［答え方］　先生になるためです。

　　　　<u>**To**</u>　　<u>**be**</u>　　<u>a teacher.</u>
　　　　ため　なる　先生に

ここが大切

Why からはじまる英文でたずねられたときは、次のどちらかのパターンで答えてください。

- **Because** ＋ 完全な英文.
- **To** ＋ 動詞〜.

確認ドリル

1 次の日本語を英語に直してください。

ヒント English [イングリッシ] 英語　like [ラーィク] 〜が好きです
it's interesting [イッツ　インタゥレスティン・] それはおもしろい
I want to [アーィ　ワン・トゥ] 私は〜したい　be [ビー] 〜になる

(1) なぜあなたは英語が好きなのですか。
_____

(2) それはおもしろいからです。
_____

(3) なぜあなたは英語を勉強するのですか。
_____

(4) 私は先生になりたいからです。
_____

(5) 先生になるためです。
_____

解答
1 (1) **Why do you like English?**　(2) **Because it's interesting.**
(3) **Why do you study English?**
(4) **Because I want to be a teacher.**　(5) **To be a teacher.**

〈会話のための英語情報〉

　to または will の次に be がきているときは〜になるという意味で使われることがあります。be のかわりに become [ビカム] でもよいのですが、話しことばでは be がよく使われます。be はもともと〜ですという意味の単語なので、状態を表します。それに対して become は〜になるという意味の単語なので、動作を表します。このことから **want to become a teacher** のように言うと、先生になる、ということを強調した言い方になります。これに対して、**want to be a teacher** の場合には、先生になっていたいという意味を表していると考えることができます。

Part 5

比較級、最上級がわかる
〈法則 57〜67〉

1 比較級、最上級（1）

法則 57

形容詞の big，bigger，the biggest で「大きい」「もっと大きい」「一番大きい」を表す。

英語の単語には、<u>形容詞</u>という種類のことばがあります。名詞を説明するときに使うことばです。名詞がどんな状態かを説明するときにも使います。

This book is big. （この本は<u>大きい</u>。）
　　　　　　［ビッグ］

big は形容詞なのです。この big という単語に er をつけたり、est をつけると、新しい意味になります。

This book is bigger. 　　（この本の方が<u>もっと大きい</u>。）
　　　　　　［ビガァ］
This book is the biggest. （この本は<u>一番大きい</u>。）
　　　　　　　［ビギストゥ］

（質問）　big に er や est をつけるときに最後の文字 g を重ねているようですが、どうしてですか。他の形容詞もそのようにするのですか。
（答え）　良い質問ですね。次のようになっています。

big を例に説明しますと、最後の文字の前に、ア、イ、ウ、エ、オの音が1つあるときは最後の文字を重ねて er や est をつけます。つまり big の場合は <u>i</u>(<u>イ</u>) が1つあるので gger, ggest にしてあるのです。

ここが大切

old のように最後の文字の前にア、イ、ウ、エ、オがないときと、small［スモーオ］のように<u>オー</u>と音がのびているときは、最後の文字を重ねる必要はありません。

y で終わっている単語は、y を i にかえてから er や est をつけてください。

確認ドリル

1 次の単語に er や est をつけてください。

(1) 大きい　　big [ビッグ]　　　— (　　　　) — the (　　　　)
(2) 小さい　　small [スモーォ]　— (　　　　) — the (　　　　)
(3) 背が高い　tall [トーォ]　　　— (　　　　) — the (　　　　)
(4) 高い　　　high [ハーィ]　　　— (　　　　) — the (　　　　)
(5) かわいい　pretty [プゥリティ] — (　　　　) — the (　　　　)

2 次の日本文を英文に直してください。

(1) この本は大きい。
(2) この本の方がもっと大きい。
(3) この本は一番大きい。
(4) 私は背が高い。
(5) 私の方がもっと背が高い。
(6) 私は一番背が高い。

解答

1
(1) (**bigger**), the (**biggest**)　　(2) (**smaller**), the (**smallest**)
(3) (**taller**), the (**tallest**)　　(4) (**higher**), the (**highest**)
(5) (**prettier**), the (**prettiest**)

2
(1) **This book is big.**　　(2) **This book is bigger.**
(3) **This book is the biggest.**　　(4) **I am tall.**
(5) **I am taller.**　　(6) **I am the tallest.**

Part 5　比較級、最上級がわかる

2 比較級、最上級 (2)

> **法則 58**
>
> ly で終わる副詞や、形容詞の長い単語は、
> er や est のかわりに、more, the most を使う。

<u>副詞</u>とは、<u>つけくわえ</u>のことばと考えてください。副詞を手でかくした場合、残りの英文だけで意味がわかると考えてよいでしょう。

<u>I walk</u> slowly. ［アーィ ウォーク スローゥリ］
私は歩く　ゆっくりと

この英文の slowly を手でかくした場合、I walk.（私は歩く）で意味が完全にわかることから、slowly が副詞であることがわかります。

ly で終わっている副詞の場合に er や est の意味を表したいときは、
slowly — more slowly — the most slowly のようにします。
　　　　　　［モアァ］　　　　　　　　　［モーゥストゥ］

ly で終わっていない副詞は er や est をつけてください。

<u>I walk</u> fast. ［アーィ ウォーク フェアストゥ］
私は歩く　速く
fast — faster — (the) fastest
［フェアストゥ］［フェアスタァ］［フェアスティストゥ］

次は形容詞の長い単語について考えてみることにします。

美しい　beautiful ［ビューティフォー］
beautiful — more beautiful — the most beautiful

この花は美しい。	This flower is beautiful.
この花の方がもっと美しい。	This flower is <u>more</u> beautiful.
この花は一番美しい。	This flower is <u>the most</u> beautiful.

確認ドリル

1 次の英語を下線のところの単語を **er**、**more**、**est**、**most** を使って変化をさせてください。

[アーィ ウォーク] ／ [スローゥリ]
(1) <u>I walk</u> <u>slowly.</u>
　私は歩く　　ゆっくり

_____（もっとゆっくり）
_____（一番ゆっくり）

[アーィ ウォーク] ／ [フェァストゥ]
(2) <u>I walk</u> <u>fast.</u>
　私は歩く　　速く

_____（もっと速く）
_____（一番速く）

[ずィス フラーゥァ] ／ [ビューティフォー]
(3) <u>This flower is</u> <u>beautiful.</u>
　この花です　　美しい

_____（もっと美しい）
_____（一番美しい）

解答

1 (1) more slowly, the most slowly　(2) faster, (the) fastest
(3) more beautiful, the most beautiful

これだけは覚えましょう

er，est のかわりに **more，most** を使う形容詞

- **wonderful** ［ワンダフォー］　　　すばらしい
- **interesting** ［インタゥレスティン・］　おもしろい
- **difficult** ［ディフィカオトゥ］　　むずかしい
- **famous** ［フェーィマス］　　　有名な
- **careful** ［ケアフォー］　　　注意深い
- **useful** ［ユースフォー］　　　役に立つ

Part 5　比較級、最上級がわかる

3 最上級で使われる前置詞

> **法則 59**
>
> 最上級では、「たくさんの中で」を表すときは **of**、
> 「1 つのかたまりの中で」を表すときは **in** を使う。

「比較」という文法の勉強で、<u>最上級</u>というものがあります。
<u>一番〜です</u>を表すパターンを<u>最上級</u>と呼んでいます。

例えば次のようなものがあります。
(1) 私は私たちのクラスの中で一番背が高い。
(2) 私はすべての少年たちの中で一番背が高い。

(1)と(2)の文の中に、<u>私たちのクラスの中で</u>と<u>すべての少年たちの中で</u>があります。この2つの文に共通しているのは〜の中でという日本語です。英語に直すときに、次の点に注意しなければならないのです。

1つのかたまりの中でを表しているときは　**in**+名詞
たくさんの中でを表しているときは　　　　**of**+名詞

このどちらかのパターンを使って、英語に直さなければならないのです。

(1) 私は一番背が高い+　　　中で〈何の中で〉私たちのクラス
　　I am the tallest　　　**in**　　　**our class.**
　　［アーィアム ざ トーリストゥ］［イン］　　［アーゥァ クレァス］

(2) 私は一番背が高い+　　　中で〈何の中で〉すべての少年たち
　　I am the tallest　　　**of**　　　**all the boys.**
　　［アーィアム ざ トーリストゥ］［アヴ］　　［オーォ ざ ボーィズ］

これだけは覚えましょう

- **of the three**　　　（3人の中で）
- **of the three boys**　（3人の少年たちの中で）
　　　　［すゥリー ボーィズ］

確認ドリル

1 次の（　）の中に適当な単語を入れてください。

(1) この花はすべての花の中で一番美しい。
　　This flower is (　)(　) beautiful (　) all the flowers.

(2) 私はすべての少年たちの中で一番背が高い。
　　I am (　)(　)(　) all the boys.

(3) 私は、私たちのクラスの中で一番背が高い。
　　I am (　)(　)(　) our class.

(4) 私は3人の中で一番背が高い。
　　I am (　)(　)(　)(　)(　).

(5) 私は3人の少年たちの中で一番背が高い。
　　I am (　)(　)(　) the three (　).

(6) 私は、私たちの家族の中で一番歩くのが速い。
　　I walk the (　)(　) our family.

(7) 私は、私たちの家族の中で一番歩くのが遅い。
　　I walk the (　)(　)(　) our family.

[発音] family [フェァミリ]

解答

1
(1) **the most, of**　　(2) **the tallest of**
(3) **the tallest in**　　(4) **the tallest of the three**
(5) **the tallest of, boys**　　(6) **fastest in**
(7) **most slowly in**

4 than を使った比較級

> **法則60**
> 比較級では、形容詞 er または「more＋形容詞」は than といっしょによく使われる。

[短い単語の場合は形容詞 er]

(1) 私は背が高い。　　　　　　　　**I am tall.**
(2) 私の方がもっと背が高い。　　　**I am taller.**
(3) 私はあなたよりも背が高い。　　**I am taller than you are.**

[長い単語の場合は more＋形容詞]

(1) ジュディーさんは美しい。　　　　　　　**Judy is beautiful.**
(2) ジュディーさんの方がもっと美しい。　　**Judy is more beautiful.**
(3) ジュディーさんは私よりも美しい。　　　**Judy is more beautiful than I am.**

これだけは覚えましょう

(a) **You are taller than I am.**
(b) **You are taller than I.**
(c) **You are taller than me.**

この３つの英文が認められています。

ただし、me は話しことばではよく使われますが、書きことばではさけた方がよいと言われています。文法的には正しくないからです。ただし、than を前置詞と考えるとすれば、me でも正しいと考えることもできます。than I am の than は接続詞なのです。接続詞は文＋文.の＋のところに使うことばなので、than I am tall の、tall を省略して than I am になっています。am も省略することもできます。

確認ドリル

1 次の日本語を英語に直してください。

(1) 私は背が高い。　　　　　　　　　＿＿＿＿＿＿＿＿＿＿＿＿＿＿
(2) 私の方がもっと背が高い。　　　　＿＿＿＿＿＿＿＿＿＿＿＿＿＿
(3) 私はあなたよりも背が高い。　　　＿＿＿＿＿＿＿＿＿＿＿＿＿＿
(4) ジュディーさんは美しい。　　　　＿＿＿＿＿＿＿＿＿＿＿＿＿＿
(5) ジュディーさんの方がもっと美しい。＿＿＿＿＿＿＿＿＿＿＿＿
(6) ジュディーさんは私よりも美しい。　＿＿＿＿＿＿＿＿＿＿＿＿

2 次の日本語を3種類の英語で表してください。

(1) 私は彼よりも背が高い。 ＿＿＿＿＿＿＿＿＿＿＿＿＿＿＿＿＿
　　　　　　　　　　　　　＿＿＿＿＿＿＿＿＿＿＿＿＿＿＿＿＿
　　　　　　　　　　　　　＿＿＿＿＿＿＿＿＿＿＿＿＿＿＿＿＿

(2) 彼は私よりも背が高い。 ＿＿＿＿＿＿＿＿＿＿＿＿＿＿＿＿＿
　　　　　　　　　　　　　＿＿＿＿＿＿＿＿＿＿＿＿＿＿＿＿＿
　　　　　　　　　　　　　＿＿＿＿＿＿＿＿＿＿＿＿＿＿＿＿＿

解答

1 (1) **I am tall.**　(2) **I am taller.**
　(3) **I am taller than you are.**
　(4) **Judy is beautiful.**
　(5) **Judy is more beautiful.**
　(6) **Judy is more beautiful than I am.**

2 (1) **I am taller than he is.**
　　I am taller than he.
　　I am taller than him.
　(2) **He is taller than I am.**
　　He is taller than I.
　　He is taller than me.

5 very と much の使い方

> 法則 61
>
> very は形容詞と副詞を強め、much は形容詞 er
> または「more＋形容詞」を強める。

　形容詞と副詞を強めるときは **very**［ヴェゥリ］、形容詞 er または「**more**＋形容詞」を強めるときは **much**［マッチ］を使います。

[つづりが短い形容詞]

私は背が高い。	I am tall.
私はとても背が高い。	I am very tall.
私の方がもっと背が高い。	I am taller.
私の方がもっともっと背が高い。	I am much taller.

[副詞]

私は速く走る。	I run fast.
私はとても速く走る。	I run very fast.
私の方がもっと速く走る。	I run faster.
私の方がもっともっと速く走る。	I run much faster.

[つづりが長い形容詞]

ジュディーさんは美しい。	Judy is beautiful.
ジュディーさんはとても美しい。	Judy is very beautiful.
ジュディーさんの方がもっと美しい。	Judy is more beautiful.
ジュディーさんの方がもっともっと美しい。	Judy is much more beautiful.

[ly で終わる副詞]

私はゆっくり歩く。	I walk slowly.
私はとてもゆっくり歩く。	I walk very slowly.
私の方がもっとゆっくり歩く。	I walk more slowly.
私の方がもっともっとゆっくり歩く。	I walk much more slowly.

確認ドリル

1 次の（　）に適当な英語を入れてください。

(1) 私は背が高い。　　　　　　　　I am (　　　).
(2) 私はとても背が高い。　　　　　I am (　　　) (　　　).
(3) 私の方がもっと背が高い。　　　I am (　　　).
(4) 私の方がもっともっと背が高い。I am (　　　) (　　　).
(5) 私は速く走る。　　　　　　　　I run (　　　).
(6) 私はとても速く走る。　　　　　I run (　　　) (　　　).
(7) 私の方がもっと速く走る。　　　I run (　　　).
(8) 私の方がもっともっと速く走る。I run (　　　) (　　　).
(9) 私は美しい。　　　　　　　　　I am (　　　).
(10) 私はとても美しい。　　　　　　I am (　　　) (　　　).
(11) 私の方がもっと美しい。　　　　I am (　　　) (　　　).
(12) 私の方がもっともっと美しい。　I am (　　　) (　　　) (　　　).
(13) 私はゆっくり走る。　　　　　　I run (　　　).
(14) 私はとてもゆっくり走る。　　　I run (　　　) (　　　).
(15) 私はもっとゆっくり走る。　　　I run (　　　) (　　　).
(16) 私はもっともっとゆっくり走る。I run (　　　) (　　　) (　　　).

解答

1 (1) **tall**　(2) **very tall**　(3) **taller**　(4) **much taller**
(5) **fast**　(6) **very fast**　(7) **faster**　(8) **much faster**
(9) **beautiful**　(10) **very beautiful**　(11) **more beautiful**
(12) **much more beautiful**　(13) **slowly**　(14) **very slowly**
(15) **more slowly**　(16) **much more slowly**

6 名詞の代わりに使う one

> **法則62**
> 同じ名詞を繰り返して言うときは、2つ目は
> その名詞ではなく、代わりに one を使う。

「この本はあの本よりも大きい。」

This <u>book</u> is bigger than that <u>book</u>.
　　　1つ目　　　　　　　　　　　2つ目

This <u>book</u> is bigger than that <u>one</u>.

このようなときは、2つ目の名詞のかわりに **one** を使います。
ただし同じ名詞を使ってもまちがいではありません。
もし2つ目の名詞が2つ以上あると考えられる場合には**ones**にします。

「これらの本はあれらの本より大きい。」
［ずィーズ］　　　　　　　　　　［ぞーゥズ］
These <u>books</u> are bigger than those <u>books</u>.
These <u>books</u> are bigger than those <u>ones</u>.

ここが大切

例えば、服などの買い物をしているとき店員さんに「私はこの白いセーターが好きではありません。赤いのを見せてください。」と言う場合には、

"I don't like this white sweater. Please show me a red <u>one</u>."
［アーィ　ドーゥン・ラーィク　ずィス　ワーィ・スウェタァ］
［プリーズ　ショーゥ　ミー　ア　ゥレッ・　ワンヌ］

ここを間違える

「私の本はあなたの本よりも大きい。」
My book is bigger than ［<u>your book</u>，<u>yours</u>］.

このように<u>あなたの本</u>は<u>あなたのもの</u>と同じ意味なので、**one** を使ってはいけません。

確認ドリル

1 次の（　）に適当な単語を入れてください。

(1) この本はあの本よりも大きい。

This book is bigger than that book.
This book is bigger than that （　　　）.

(2) これらの本はあれらの本よりも大きい。

These books are bigger than those books.
These books are bigger than those （　　　）.

(3) 私はこの白いセーターは好きではありません。
　　赤いのを見せてください。

I don't like this white sweater.
Please show me a red （　　　）.

(4) 私の本はあなたの本よりも大きい。

My book is bigger than （　　　）.

(5) トニー君の本は私の本よりも大きい。

Tony's book is bigger than （　　　）.

(6) 私の本はトニー君の本よりも大きい。

My book is bigger than （　　　）.

解答

1 (1) one　(2) ones　(3) one　(4) yours
　　(5) mine　(6) Tony's

ここを間違える

Tony's は<u>トニー君の</u>と<u>トニー君のもの</u>の2つの意味があります。

Part 5　比較級、最上級がわかる

7 「～と同じぐらい…」

> 法則 63
>
> **as big as ～** で、「～と同じぐらい大きい」を
> 表すことができる。

次の英語の変化をよく見て覚えてください。
as big as ～ で、「～と同じぐらい大きい」となります。

| This book is
（この本は） | **big.** （大きい。）
bigger than that one.
（あの本よりも大きい。）
the biggest of the three books.
（3冊の本の中で一番大きい。）
as big as that one.
（あの本と同じぐらい大きい。） |

| This book is
（この本は） | **beautiful.** （美しい。）
more beautiful than yours.
（あなたの本よりも美しい。）
the most beautiful of all my books.
（すべての私の本の中で一番美しい。）
as beautiful as yours.
（あなたの本と同じくらい美しい。） |

ここが大切

This book is as big as that one (is).

日本語でうり2つということばがあります。うりはとてもよく似ているので、どちらもそっくりだという意味です。日本語と同じように **as** [big] **as** のように **big** を中心に **as** が2つ、左と右にきているのです。こうすることによって、まったく同じだということを表しているのです。

確認ドリル

1 次の（　）に適当な単語を入れてください。

(1) この本は大きい。
　This book is (　　　).

(2) この本の方がもっと大きい。
　This book is (　　　).

(3) この本はあの本よりも大きい。
　This book is (　　　) (　　　) that (　　　).

(4) この本は私のすべての本の中で一番大きい。
　This book is (　　　) (　　　) of (　　　) my books.

(5) この本は私の本と同じぐらい大きい。
　This book is (　　　) (　　　) (　　　) (　　　).

(6) この本はあの本と同じぐらい大きい。
　This book is (　　　) (　　　) (　　　) that (　　　).

2 次の日本語を英語に直してください。

(1) 私の本はあなたの本と同じぐらい美しい。

_____

(2) この本はあの本と同じぐらい美しい。

_____

解答

1 (1) **big**　(2) **bigger**　(3) **bigger than, one**
　　(4) **the biggest, all**　(5) **as big as mine**
　　(6) **as big as, one**

2 (1) **My book is as beautiful as yours.**
　　(2) **This book is as beautiful as that one.**

8「AはBほど大きくない。」

法則64

「**A は B ほど大きくない。**」は、
A is not [bigger than, as big as] B.

This book is bigger than that one (is).
(この本はあの本よりも大きい。)
This book is as big as that one (is).
(この本はあの本と同じぐらい大きい。)

　このように意味が明らかに違いますが、**not** が入ると同じ意味になります。<u>as big as</u> 〜には<u>〜のように大きい</u>という意味があるので、次のように考えることができるのです。

This book is not bigger than that one (is).
(この本はあの本よりも大きくない。)
This book is not as big as that one (is).
(この本はあの本のように大きくない。)
　このように考えると、どちらの英語も同じ意味になります。

「この本はあの本ほど大きくない。」
(1)　**This book is not bigger than that one (is).**
(2)　**This book is not as big as that one (is).**
　That book からはじめると、この(1)と(2)の英語と同じ意味の英語をつくることができます。
(3)　**That book is bigger than this one (is).**

確認ドリル

1 次の（　）に適当に単語を入れてください。

ヒント　tall［トーォ］背が高い
short［ショートゥ］背が低い
big［ビッグ］大きい
small［スモーォ］小さい

(1) 私はあなたほど背が高くない。
- (a) I am not (　　　) (　　　) you are.
- (b) I am not (　　　) (　　　) (　　　) you are.
- (c) I am (　　　) (　　　) you are.
- (d) You are (　　　) (　　　) I am.

(2) この本はあの本ほど大きくない。
- (a) This book is not (　　　) (　　　) that one is.
- (b) This book is not (　　　) (　　　) (　　　) that one is.
- (c) This book is (　　　) (　　　) that one is.
- (d) That book is (　　　) (　　　) this one is.

(3) この花はあの花ほど美しくない。
- (a) This flower is not (　　　) (　　　) (　　　) that one is.
- (b) This flower is not (　　　) (　　　) (　　　) that one is.
- (c) That flower is (　　　) (　　　) (　　　) this one is.

解答

1 (1) (a) taller than　(b) as tall as
　　 (c) shorter than　(d) taller than
　(2) (a) bigger than　(b) as big as
　　 (c) smaller than　(d) bigger than
　(3) (a) more beautiful than　(b) as beautiful as
　　 (c) more beautiful than

9 better, the best

> **法則 65**
>
> very much, well, good は、いずれも
> better, the best と変化する。

I like you （私はあなたが好きです）	**very much.** （とても） **better.** （もっと） **the best.** （一番） **as much as Tony.** （トニー君と同じぐらい）
I speak English （私は英語を話します）	**well.** （上手に） **better.** （もっと上手に） **the best.** （一番上手に） **as well as Japanese.** （日本語と同じぐらいに上手に）
Your bike is （あなたの自転車は）	**good.** （上等） **better.** （もっと上等） **the best.** （一番上等） **as good as mine.** （私の自転車と同じぐらい上等）

[発音] very much ［ヴェゥリ　マッチ］、better ［ベタァ］、best ［ベストゥ］
　　　 speak ［スピーク］、English ［イングリッシ］、well ［ウェオ］
　　　 Japanese ［ヂェァパニーズ］、good ［グッドゥ］、bike ［バーィク］

ここが大切

well は<u>よく</u>と<u>上手に</u>の2つの意味があります。

確認ドリル

次の（　）に適当な単語を入れてください。

1　**I like you**
（私はあなたが好きです）

(　　) (　　).　(1) ［とても］
(　　).　(2) ［もっと］
the (　　).　(3) ［一番］
(　　) (　　) (　　) Tony.
(4) ［トニー君と同じぐらい］

2　**I speak English**
（私は英語を話します）

(　　).　(1) ［上手に］
(　　).　(2) ［もっと上手に］
the (　　).　(3) ［一番上手に］
(　　) (　　) (　　) Japanese.
(4) ［日本語と同じぐらい上手に］

3　**Your bike is**
（あなたの自転車は）

(　　).　(1) ［上等］
(　　).　(2) ［もっと上等］
the (　　).　(3) ［一番上等］
(　　) (　　) (　　) mine.
(4) ［私の自転車と同じぐらい上等］

解答

1 (1) **very much** (2) **better** (3) **best** (4) **as much as**
2 (1) **well** (2) **better** (3) **best** (4) **as well as**
3 (1) **good** (2) **better** (3) **best** (4) **as good as**

Part 5　比較級、最上級がわかる

10 疑問詞の「どちら」(1)

> **法則 66**
>
> 疑問文で「どちら」という日本語があっても、英語では
> "人"ならば who, "物"ならば which を使うことができる。

どちらとなっていても、人ならば who, 物ならば which を使うことができます。

「どちらが」が「どちらを」を表しているパターン

あなたは、お茶とコーヒーの<u>どちら</u>が好きですか。

<u>Which</u> do you like better, tea or coffee?

[ウィッチ]　　　　　　　　　[ティー オア コーフィ]

あなたはトニー君とケン君の<u>どちら</u>が好きですか。

<u>Who</u> do you like better, Tony or Ken?

[フー]　　　　　　　　　　[トゥニ オア ケンヌ]

「どちらが」が主語を表しているパターン

この木とあの木の<u>どちら</u>が高いですか。

<u>Which</u> is taller, this tree or that one?

　　　　　　　[トーラァ][ずィス チュリー オア ぜアッ・ ワンヌ]

トニー君とケン君はどちらが背が高いですか。

<u>Who</u> is taller, Tony or Ken?

確認ドリル

1 次の（　）に適当な単語を入れてください。

(1) どちらの方があなたは好きですか、お茶ですか、それともコーヒーですか。
　　（　　　） do you like （　　　）, tea or coffee?

(2) どちらの方があなたは好きですか、トニー君ですか、それともケン君ですか。
　　（　　　） do you like （　　　）, Tony or Ken?

(3) どちらの方が高いですか、この木ですか、それともあの木ですか。
　　（　　　） is （　　　）, this tree or that （　　　）?

(4) どちらの方が背が高いですか、トニー君ですか、それともケン君ですか。
　　（　　　） is （　　　）, Tony or Ken?

解答
1 (1) Which, better　　(2) Who, better
　　(3) Which, taller, one　　(4) Who, taller

ここを間違える

like（好きです）という動詞の次に単語がきているときは、～をの代わりに～がという日本語を使うのが普通です。このために、which や who がどのような使い方をしているのかがわからなくなることがあります。
「あなたはお茶とコーヒーとどちらが好きですか。」
の場合は、あなたはお茶とコーヒーのどちらを好きですか。という意味で使っているので、どちらを＋あなたはもっと好きですか、**A or B?** で英語に直します。
「トニー君とケン君はどちらが背が高いですか。」は、
どちらの方がもっと背が高いですか ＋ **A or B?** のように考えて、英語に直します。

Part 5　比較級、最上級がわかる

11 疑問詞の「どちら」(2)

法則 67

「あなたは A と B のどちらの方が好きですか。」
に答えるとき、日本語では「A です。」だけでも OK だが、
英語では "I like A better." と答える。

日本語を英語に直すときに注意をしていただきたいことは、正しい日本語に言いかえてから、英語に直すようにしなければならないということです。

「あなたはどちらが好きですか、お茶ですか、それともコーヒーですか。」
"Which do you like better, tea or coffee?"
「お茶です。」

この場合の「お茶です。」は完全な日本語で言いかえると、
「私はお茶の方が好きです。」という意味になることがわかります。
このことから、次のような英語になるのです。
"I like tea better."

「トニー君とケン君は、どちらが速く走れますか。」
"Who can run faster, Tony or Ken?"
[フー ケン ゥラン フェァスタァ]
「トニー君です。」

この場合もよく考えると「トニー君の方が速く走れます。」なので、
"Tony can run faster." となります。

ここを間違える

(1) トニー君とケン君は、どちらが速く走れますか。
　Who can run faster, Tony or Ken?
(2) トニー君とケン君は、どちらが速く走りますか。
　Who runs faster, Tony or Ken?

簡単に答えると (1)は **Tony can.** (2)は **Tony does.** となります。

確認ドリル

1 次の（　）に適当な単語を入れて、日本語を英語に直してください。

(1) あなたはどちらが好きですか、お茶ですかそれともコーヒーですか。
Which do you like (　　　), tea (　　　) coffee?

(2) お茶です。
［完全な答え方］ **I (　　　) (　　　) (　　　).**
［短い答え方］ **I (　　　) (　　　).**

(3) どちらが速く走りますか、トニー君ですかそれともケン君ですか。
（　　　）（　　　）（　　　）, **Tony or Ken?**

(4) ケン君です。
［完全な答え方］ **Ken (　　　) (　　　).**
［短い答え方］ **Ken (　　　).**

(5) どちらが速く走れますか、トニー君ですかそれともケン君ですか。
（　　　）（　　　）（　　　）（　　　）, **Tony or Ken?**

(6) ケン君です。
［完全な答え方］ **Ken (　　　) (　　　) (　　　).**
［短い答え方］ **Ken (　　　).**

解答

1 (1) better, or　(2) like tea better, like tea
(3) Who runs faster　(4) runs faster, does
(5) Who can run faster　(6) can run faster, can

Part 6

不定詞、動名詞がわかる
〈法則 68〜80〉

1 不定詞（1）名詞的用法

> **法則 68**
> 動詞が 2 つあるとき、2 つ目の動詞の前に to を入れる。

　英語には、**to** 不定詞という文法があります。簡単に言うと、2 つ目の動詞の前に **to** を入れるということです。

　ただし、1 つだけ注意しなければならないことがあります。**to** の次には **s** の付かない動詞しかこないということです。

　まずは、不定詞の名詞的用法です。

(1)　私は泳ぐのが好きです。
(2)　私の夢は先生になることです。
(3)　私は泳ぎたい。

　(1)〜(3)を英語に直すときには次のように考えます。
　まず次のように英語流の並べ方にします。

私は好きです　〈何を〉　泳ぐこと
　I　like　　　　　　　swim
私の夢なんですよ　〈何なんですか〉　先生になること
 My　dream is　　　　　　　　　　　be a teacher
私は欲しい　〈何を〉　泳ぐこと
　I　want　　　　　　swim

　次に 2 つ目の動詞の前に **to** を入れます。

I　like　　to　swim.
　好きです　　　泳ぐ

My dream　is　to　be　a teacher.
　　　　　　です　　なる

I　want　to　swim.
　欲しいと思う　泳ぐ

確認ドリル

1 次の英文の中で、2つ目の動詞の前に **to** を入れて正しい英文にしてください。

ヒント want［ワントゥ］〜が欲しいと思う
like［ラーィク］〜が好きです
be［ビー］〜になる　is［イズ］です
study［スタディ］勉強する

(1) 私は勉強したい。
I want study.

(2) 私は勉強するのが好きです。
I like study.

(3) 私の夢は先生になることです。
My dream is be a teacher.

解答
1 (1) **I want to study.**　(2) **I like to study.**
(3) **My dream is to be a teacher.**

これだけは覚えましょう

A is B.（A は B です。）= **B is A.**（B は A です。）
このように考えると次のように言いかえることができることがわかります。

My dream is to be a teacher.
　　A　　　　　　B

To be a teacher is my dream.
　　　B　　　　　　　A

Part 6　不定詞、動名詞がわかる

153

2 不定詞(2) 名詞的用法

法則 69

how to drive で「運転の仕方」という意味を表す。

「私はどのようにして運転するかがわかりません。」
　このような日本語を英語に直すときに次のように考えてください。

私はわかりません	〈何を〉	どのように	運転するか
I don't know		how	drive
[アーィ　ドーゥン・ノーゥ]		[ハーゥ]	[ジュラーィヴ]

　ここで2つ目の動詞の前に **to** を入れてください。
　すると次のようになります。
I don't know how to drive.

「私はどのように運転をするべきかわかりません。」

私はわかりません	〈何を〉	どのように	運転すべきか
I don't know		how	drive

　同じように2つ目の動詞の前に **to** を入れます。
I don't know how to drive.

これだけは覚えましょう

　どのように運転すべきかということ ＝ 運転する方法 ＝ 運転の仕方は、すべて、**how to drive** で表すことができます。

確認ドリル

1 ( ) に適当な単語を入れて、次の日本語を英語に直してください。

ヒント 動詞の前に to を入れることで、動詞を名詞にかえることができます。

(1) どのように勉強するかということ
 (　　　) (　　　) (　　　)

(2) いつ勉強するかということ
 (　　　) (　　　) (　　　)

(3) どこで勉強するかということ
 (　　　) (　　　) (　　　)

2 次の日本語を英語に直してください。

ヒント swim［スウィム］泳ぐ　study［スタディ］勉強する
　　　　run［ゥランヌ］走る

(1) 私は泳ぐ方法がわかりません。

___

(2) 私は勉強の仕方がわかりません。

___

(3) 私はどのように走ればよいのかわかりません。

___

解答

1 (1) **how to study**　(2) **when to study**　(3) **where to study**

2 (1) **I don't know how to swim.**　(2) **I don't know how to study.**
 (3) **I don't know how to run.**

ここが大切

ここで勉強しているものすべて、**to** 不定詞の名詞的用法です。すべて〈何を〉という疑問が生まれる場合は、名詞的用法なのです。

3 不定詞（3）名詞的用法

> **法則 70**
>
> **To swim is easy.** は、**It is easy to swim.** で
> 言いかえることができる。

「泳ぐことは簡単です。」
　動詞を名詞にしたいときは、名詞の前に **to** を置くだけでよいのです。

泳ぐことは　簡単　です。
To swim　　easy　is
なので
To swim is easy.
　2 単語　　　1 単語

　英語では、**is** の左側と右側を比べると、右側の方にたくさんの単語がくる方が自然な英語であるという考え方があります。この考え方にしたがって考えると、**To swim** を 1 単語にすることができると一番良いわけです。そのようなときに使える便利な単語が **it** なのです。

To swim is easy.
= **It　　is easy　　　　　　to swim.**
　それは　簡単です 〈それって何〉 泳ぐこと

ここが大切

「泳ぐことは簡単です。」
It is easy to swim. となります。
ただし、**To swim is easy.** が間違いというわけではありません。

確認ドリル

1 次の日本語を2種類の英語で表してください。

(1) 英語を話すことは簡単です。
　　ヒント　speak [スピーク] 〜を話す
　　　　　　　English [イングリッシ] 英語
　　　　　　　easy [イーズィ] 簡単な

　(ア)　(**To** からはじめて) ＿＿＿＿＿＿＿＿＿＿＿＿＿＿
　(イ)　(**It** からはじめて) ＿＿＿＿＿＿＿＿＿＿＿＿＿＿

(2) 英語を話すことは簡単ではありません。
　　ヒント　isn't [イズントゥ] ありません

　(ア)　(**To** からはじめて) ＿＿＿＿＿＿＿＿＿＿＿＿＿＿
　(イ)　(**It** からはじめて) ＿＿＿＿＿＿＿＿＿＿＿＿＿＿

(3) 英語を勉強するのはおもしろい。
　　ヒント　study [スタディ] 〜を勉強する
　　　　　　　interesting [インテゥレスティン・] おもしろい

　(ア)　(**To** からはじめて) ＿＿＿＿＿＿＿＿＿＿＿＿＿＿
　(イ)　(**It** からはじめて) ＿＿＿＿＿＿＿＿＿＿＿＿＿＿

解答

1 (1) (ア) **To speak English is easy.**
　　　　(イ) **It is easy to speak English.**
　　(2) (ア) **To speak English isn't easy.**
　　　　(イ) **It isn't easy to speak English.**
　　(3) (ア) **To study English is interesting.**
　　　　(イ) **It is interesting to study English.**

Part 6　不定詞、動名詞がわかる

4 不定詞（4）名詞的用法

> **法則 71**
>
> **for you to swim** は、「あなたが泳ぐこと」、
> 「あなたにとって泳ぐこと」を表す。

「泳ぐことは簡単です。」 **To swim is easy.**
という日本文と英文があるわけですが、この日本文と英文の中には、だれが泳ぐのかについては、一切ふれていないのです。もしそのことについてふれたいときは、次のようにすれば良いのです。

あなたにとってを日本文につけくわえて、英語には **For you** をつけくわえると次のような日本文と英文ができるのです。

「あなたにとって泳ぐことは簡単です。」
あなたにとって + 泳ぐことは簡単です。
For you   to swim is easy.
［フォー　ユー］　［トゥ　スウィミズ　イーズィ］

これを **It** で置き換えると次のようになります。

For you to swim is easy.
↓
It is easy 〈それって何〉 **for you to swim.**
このようになるわけです。

これだけは覚えましょう

彼にとって泳ぐことは	**for him to swim**
彼女にとって泳ぐことは	**for her to swim**
私にとって泳ぐことは	**for me to swim**

確認ドリル

1 次の日本語を英語にしてください。

(1) 勉強することは簡単です。
   (ア) (**To** からはじめて) _____
   (イ) (**It** からはじめて) _____

(2) あなたにとって勉強することは簡単です。
   (ア) (**For** からはじめて) _____
   (イ) (**It** からはじめて) _____

(3) 泳ぐことは簡単ではない。
   (ア) (**To** からはじめて) _____
   (イ) (**It** からはじめて) _____

(4) 彼にとって泳ぐことは簡単ではない。
   (ア) (**For** からはじめて) _____
   (イ) (**It** からはじめて) _____

(5) 彼女にとって泳ぐことは簡単ではない。
   (ア) (**For** からはじめて) _____
   (イ) (**It** からはじめて) _____

解答

1
(1) (ア) **To study is easy.** (イ) **It's easy to study.**
(2) (ア) **For you to study is easy.** (イ) **It's easy for you to study.**
(3) (ア) **To swim isn't easy.** (イ) **It isn't easy to swim.**
(4) (ア) **For him to swim isn't easy.**
    (イ) **It isn't easy for him to swim.**
(5) (ア) **For her to swim isn't easy.**
    (イ) **It isn't easy for her to swim.**

5 不定詞（5）副詞的用法

> **法則 72**
>
> "おまけ、つけくわえ"の to 不定詞は、副詞的用法と
> 考えることができる。

　英語では、2つ目の動詞の前に **to** を入れると正しい英文になるということは、わかっていただけたと思います。

　ここでは、つけくわえの部分に **to** が入っている場合を考えたいと思います。つけくわえの部分に **to** が入っていると、不定詞の副詞的用法なのです。例えば次のような日本語があるとします。

「私は君に会えてうれしい。」

　この日本語を英語に直したいときは、一番に言いたいことをまず言ってから、つけくわえを後に置きます。

私はうれしい　〈なぜ〉　君に会える
I am happy　　　　　**see you**

2つ目の動詞の前に **to** を入れると、
（答え）**I am happy to see you.**

「私はあなたに会いに来ました。」
私は来ました　〈何のために〉　あなたに会う
I came　　　　　　　　　　**see you**

2つ目の動詞の前に **to** を入れると、
（答え）**I came to see you.**

　この2つの英文の中に **to** が出てきていますが、**to** の前のところで完全に意味がわかるので、**to** 以下がおまけとして情報をつけくわえていると考えられることから、**to** 不定詞の副詞的用法と考えることができます。

確認ドリル

1 次の日本文を完全な文＋追加の文のパターンにしてから英語に直し、2つ目の動詞の前に **to** を入れてください。

(1) 私はそのニュースを聞いてびっくりしています。

　ヒント　the news [ざ　ニューズ] そのニュース
　　　　　　hear [ヒァァ] ～を聞く
　　　　　　am surprised [アム　サプゥラーィズドゥ] びっくりしています

　(ア)（日本文）_____ ＋ _____
　(イ)（英文）_____

(2) 私はそれを聞いてうれしい。

　ヒント　am happy [アム　ヘァピ] うれしい
　　　　　　that [ぜァッ・] それ

　(ア)（日本文）_____ ＋ _____
　(イ)（英文）_____

(3) 私はトニー君に会いに東京へ行くつもりです。

　ヒント　I will [アーィ　ウィォ] 私は～するつもり
　　　　　　see [スィー] ～に会う
　　　　　　go to Tokyo [ゴーゥ　トゥ　トーキョ] 東京へ行く

　(ア)（日本文）_____ ＋ _____
　(イ)（英文）_____

解答

1 (1) (ア) 私はびっくりしています。＋そのニュースを聞いて
　　　(イ) **I am surprised to hear the news.**
　(2) (ア) 私はうれしい。＋それを聞いて
　　　(イ) **I am happy to hear that.**
　(3) (ア) 私は東京へ行くつもりです。＋トニー君に会いに
　　　(イ) **I will go to Tokyo to see Tony.**

6 不定詞 (6) 形容詞的用法

> **法則 73**
>
> 名詞の説明のところに to 不定詞が入っていたら、
> 形容詞的用法と考える。

「私は読む本が 1 冊ほしい。」
　日本文を英文にしたいときは、次のように考えるとすぐにわかります。

私は 1 冊の本がほしい。 ＋私はその本を読む。
I want a book.　　　**I read the book.**
　a book と **the book** が同じものをさしているので、2 つ目の **the book** は必要がありません。I も 2 つあるので、2 つ目の I は必要ありません。
I want a book read
　最後に 2 つ目の動詞の前に **to** を入れます。
(答え) **I want a book to read.** ［アーィ　ワンタ　ブック　トゥ　ゥリードゥ］

　「私は住む家がほしい。」
私は 1 軒(けん)の家がほしい。 ＋私はその家に住む。
I want a house.　　　**I live in the house.**
　a house と **the house** が同じものをさしているので、**the house** を消します。I も 2 つあるので 2 つ目の I を消します。
I want a house live in
　最後に 2 つ目の動詞の前に **to** を入れます。
(答え) **I want a house to live in.**
　　　［アーィ　ワンタ　ハーゥス　トゥ　リヴィンヌ］

ここが大切

(読む) 本
→ どんな本であるかを読む (ことができる) が説明しているのです。
　このように、to ＋動詞の部分が名詞の説明をしているときは、形容詞的用法と考えてください。

確認ドリル

1 次の日本語を<u>私は</u>からはじまる日本語を作ってから英語に直し、必要のない部分を消して正しい英文を作ってください。

(1) 私は座るイスが1脚(きゃく)ほしい。

ヒント sit on [スィトーンヌ] 〜の上に座(すわ)る
　　　　a chair [ア チェアァ] 1脚のイス
　　　　want [ワントゥ] 〜がほしい

(ア)（日本文）私は ＿＿＿＿＿＿＿。　私は ＿＿＿＿＿＿＿。
(イ)（英文）　I ＿＿＿＿＿＿＿．　I ＿＿＿＿＿＿＿．
(ウ)（正しい英文）＿＿＿＿＿＿＿＿＿＿＿＿＿＿＿＿．

(2) 私は話す友達がほしい。

ヒント friends [フゥレンヅ] 友達
　　　　speak with [スピーク ウィず] 〜と話す

(ア)（日本文）私は ＿＿＿＿＿＿＿。　私は ＿＿＿＿＿＿＿。
(イ)（英文）　I ＿＿＿＿＿＿＿．　I ＿＿＿＿＿＿＿．
(ウ)（正しい英文）＿＿＿＿＿＿＿＿＿＿＿＿＿＿＿＿．

解答

1 (1) (ア) イスが1脚ほしい、そのイスに座る
　　　(イ) **want a chair, sit on the chair**
　　　(ウ) **I want a chair to sit on**
　　(2) (ア) 友達がほしい、その友達と話す
　　　(イ) **want friends, speak with the friends**
　　　(ウ) **I want friends to speak with**

ここが大切

座る1脚のイス＝座るための1脚のイス＝座ることができる1脚のイスの、どの日本語でも答えは同じになります。

7 不定詞（7）something の用法

> **法則 74**
>
> **something to eat（何か食べるもの）も、
> to 不定詞の形容詞的用法。**

「私は何か食べるものがほしい。」
　形容詞的用法は、言いたいことを2つの日本文にして、それを1つにくっつけると正しい英文ができると考えることができます。

<u>私は何かほしい。</u>　＋<u>私はそれを食べる。</u>
I want something.　I eat it.

　something と **it** が同じものをさしているので **it** を消します。
I も2つあるので2つ目のIを消します。すると次のような英文ができます。
I want something eat
　最後に2つ目の動詞の前に **to** を入れます。
　（答え）**I want <u>something to eat</u>.**
　　　　［アーィ　ワン・　サムすィン・　トゥ　イートゥ］

「私は何か座るものがほしい。」
<u>私は何かほしい。</u>　＋<u>私はそれに座る。</u>
I want something.　I sit on it.

　something と **it** が同じものをさしているので、**it** を消します。
I も2つあるので2つ目のIを消します。すると次のような英文ができます。
I want something sit on
　最後に2つ目の動詞の前に **to** を入れます。
　（答え）**I want <u>something to sit on</u>.**
　　　　［アーィ　ワン・　サムすィン・　トゥ　スィトーンヌ］

確認ドリル

1 次の日本語を2つの日本文にして、それを英語に直し、最後に **to** を2つ目の動詞の前に入れると正しい英文ができます。

(1) 私は何か食べるものがほしい。

ヒント something［サムスィン］何か
eat［イートゥ］〜を食べる

(ア)（日本文）私は ＿＿＿＿＿＿＿＿。　私は ＿＿＿＿＿＿＿＿。
(イ)（英文）　　I ＿＿＿＿＿＿＿＿．　I ＿＿＿＿＿＿＿＿．
(ウ)（完全な文）＿＿＿＿＿＿＿＿＿＿＿＿＿＿＿＿＿＿＿．

(2) 私は何か座るものがほしい。

ヒント sit on［スィトーンヌ］〜に座る

(ア)（日本文）私は ＿＿＿＿＿＿＿＿。　私は ＿＿＿＿＿＿＿＿。
(イ)（英文）　　I ＿＿＿＿＿＿＿＿．　I ＿＿＿＿＿＿＿＿．
(ウ)（完全な文）＿＿＿＿＿＿＿＿＿＿＿＿＿＿＿＿＿＿＿．

解答

1 (1) (ア) 何かほしい、それを食べる
　　　(イ) **want something, eat it**
　　　(ウ) **I want something to eat**
　　(2) (ア) 何かほしい、それに座る
　　　(イ) **want something, sit on it**
　　　(ウ) **I want something to sit on**

8 不定詞（8）something の用法

> **法則 75**
>
> **something to eat** のある肯定文を、否定文または疑問文にすると、**anything to eat** に変わる。

Tony has <u>something</u> to eat.
（トニー君は何か食べものをもっています。）

この英文を否定文と疑問文にすると **something to eat** の **something** を **anything** にかえるのが一般的です。

（否定文） **Tony doesn't have <u>anything</u> to eat.**
（トニー君は何も食べるものをもっていません。）
（疑問文） **Does Tony have <u>anything</u> to eat?**
（トニー君は何か食べるものをもっていますか？）

ここが大切

基本的には、**something to eat** を疑問文にするときは **anything to eat** のようにすることになっていますが、絶対というわけではありません。

- 相手に **Yes.** を期待するときは、**Do you have <u>something</u> to eat?**
- 相手に **Yes.** を期待しないときは、**Do you have <u>anything</u> to eat?**

と覚えておいてください。

確認ドリル

1 次の（ ）に適当なことばを入れてください。

something は (ア)（　　　）という意味の単語なので、something to eat で (イ)（　　　）という意味になります。

否定文で使うときは (ウ)（　　　）（　　　）（　　　）という英語にしなければなりません。疑問文のときは、**Yes.** を相手に期待しているときは (エ)（　　　）（　　　）（　　　）、**Yes.** を相手に期待していないときは (オ)（　　　）（　　　）（　　　）、を使います。

ただし、中学校などで、**He has something to eat.** の疑問文を作りなさいという問題が出たときは、(カ)**Does he have**（　　　）（　　　）（　　　）**?** にした方が良いと思います。

2 次の日本語を英語に直してください。

ヒント　eat ［イートゥ］〜を食べる　drink ［ヅリンク］〜を飲む
read ［ゥリードゥ］〜を読む　see ［スィー］〜を見る

(1) 何か食べるもの　＿＿＿＿＿＿＿＿＿＿＿＿
(2) 何か飲むもの　＿＿＿＿＿＿＿＿＿＿＿＿
(3) 何か読むもの　＿＿＿＿＿＿＿＿＿＿＿＿
(4) 何か見るもの　＿＿＿＿＿＿＿＿＿＿＿＿

解答

1 (ア) 何か　(イ) 何か食べるもの　(ウ) **anything to eat**
(エ) **something to eat**　(オ) **anything to eat**
(カ) **anything to eat**

2 (1) **something to eat**　(2) **something to drink**
(3) **something to read**　(4) **something to see**

9 not any = no

> **法則 76**
>
> 英語では、not anything = nothing,
> not any money = no money と表すことができる。

次のように英語では、同じ意味を表す表現があります。

not anything = nothing(何もない)
　　[エニィティン・] [ナッティン・]
not any money = no money(まったくないお金)
　　　　　　　　　　[ノーゥ マニィ]

例えば次のような日本語を英語に直したいときは、上の法則を使って言いかえることになります。

これだけは覚えておきましょう

「私はお金がまったくありません。」
I don't have any money.
=**I have no money.**

「私は何も食べるものがありません。」
I don't have anything to eat.
　[ドーゥン・] 　　　　　[イートゥ]
=**I have nothing to eat.**

「私は何も見ることができません。」
I can't see anything.
　[キャントゥ] [スィー]
=**I can see nothing.**

確認ドリル

1 次の (　) に適当な単語を入れて同じ意味にしてください。

(1) 何もない
　(ア) **not** (　　　) = (イ) (　　　　)
(2) まったくないお金
　(ア) **not** (　　　) (　　　) = (イ) (　　　) (　　　)
(3) 私はお金がまったくありません。
　(ア) **I don't have** (　　　) (　　　).
　(イ) **I have** (　　　) (　　　).
(4) 私は何も食べるものがありません。
　(ア) **I don't have** (　　　) (　　　) (　　　).
　(イ) **I have** (　　　) (　　　) (　　　).
(5) 私は何も見ることができません。
　(ア) **I can't see** (　　　).
　(イ) **I can** (　　　) (　　　).

解答
1 (1) (ア) **any**　　　　　　　(イ) **no**
　　(2) (ア) **any money**　　　 (イ) **no money**
　　(3) (ア) **any money**　　　 (イ) **no money**
　　(4) (ア) **anything to eat**　(イ) **nothing to eat**
　　(5) (ア) **anything**　　　　(イ) **see nothing**

ここが大切

「私はどこへも行かなかった。」
I didn't go anywhere. [ゴーゥ エニゥウェアァ]
=**I went nowhere.** [ノーゥウェアァ]

　no からはじまる単語はすべて、**not any** = **no** の法則によって動いています。

10 want と to 不定詞

> **法則 77**
>
> 「私は〜したい。」は **I want to 〜**.
> 「私はあなたに〜してもらいたい」は **I want you to 〜**.

英語の動詞は1つずつ、パターンが決まっています。
できれば同じパターンのものはまとめて覚えておくと便利です。

<u>私は〜したい</u>は、**I want to 〜**
<u>私は彼に〜してもらいたい</u>は、**I want him to 〜**
のパターンをしっかり覚えておいてください。

(1) 私は勉強したい。　　　　　　　　**I want to study.**
(2) 私は彼に勉強してもらいたい。　　**I want him to study.**

(1)と(2)は次のような点でまったく違います。

(1) 私はほしい　＋　私が勉強するということを
　　 I want　　　　　 I study
(2) 私はほしい　＋　彼が勉強するということを
　　 I want　　　　　 he studies

このように考えて、動詞が2つあるときは、2つ目の動詞の前に **to** を入れる法則を使って文を書きかえます。
すると、次のようになります。ただし、I が2つあるときは、I を消して **to** を入れてください。I は2つ必要がないからです。

(1) **I want to study.**
(2) **I want him to study.**

> **ここが大切**
>
> **he studies** のところは文の途中にくるので **him to study** としてください。**to** の次にくる動詞は **s** のつかない形（原形）になります。

確認ドリル

1 次の日本語を英語に直してください。

ヒント　swim [スウィム] 泳ぐ
him [ヒム] 彼に
open the window [オーゥプン　ざ　ウィンドーゥ] 窓を開ける

(1) 私は泳ぎたい。

___

(2) 私はあなたに泳いでもらいたい。

___

(3) 私は彼に泳いでもらいたい。

___

(4) 私は（その）窓を開けたい。

___

(5) あなたは（その）窓を開けたいですか。

___

(6) あなたは私に（その）窓を開けてもらいたいですか。

___

解答

1 (1) **I want to swim.**　(2) **I want you to swim.**
(3) **I want him to swim.**　(4) **I want to open the window.**
(5) **Do you want to open the window?**
(6) **Do you want me to open the window?**

11 ask, tell と to 不定詞

> **法則 78**
>
> 「彼に頼む」は ask him，「彼に言う」は tell him，
> 動詞が次にくるときは 2 つ目の動詞の前に to を置く。

(1) 「私は彼に勉強するように言うつもりです。」

　　<u>私は言うつもりです</u>　〈だれに〉<u>彼に</u>　〈何を〉<u>勉強するということ</u>
　　I will tell　　　　　　　　　 him　　　　　　 study

(2) 「私は彼に勉強してくれるように頼むつもりです。」

　　<u>私は頼むつもりです</u>　〈だれに〉<u>彼に</u>　〈何を〉<u>勉強するということ</u>
　　I will ask　　　　　　　　　 him　　　　　　 study

このようになります。最後に、2 つ目の動詞の前に **to** を入れる法則を使って英語にします。すると正しい英文になります。

(1) **I will tell him to study.**

　　［アーィ　ウィオ　テリム　トゥ　スタディ］

(2) **I will ask him to study.**

　　［アーィ　ウィオ　エァスキム　トゥ　スタディ］

(3) 「私は彼に勉強しないように言うつもりです。」

　　<u>私は言うつもりです</u>　〈だれに〉<u>彼に</u>　〈何を〉<u>勉強することのないように</u>
　　I will tell　　　　　　　　　　him　　　　　　 not study

(4) 「私は彼に勉強しないように頼むつもりです。」

　　<u>私は頼むつもりです</u>　〈だれに〉<u>彼に</u>　〈何を〉<u>勉強することのないように</u>
　　I will ask　　　　　　　　　　 him　　　　　　 not study

このようになります。最後に、2 つ目の動詞の前に **to** を入れる法則を使って英語にします。すると正しい英文になります。

(3) **I will tell him not to study.**

　　［アーィ　ウィオ　テリム　ナッ・トゥ　スタディ］

(4) **I will ask him not to study.**

　　［アーィ　ウィオ　エァスキム　ナッ・　トゥ　スタディ］

確認ドリル

1 次の日本語を英語に直してください。

ヒント　told［トーゥオドゥ］言った
　　　　　asked［エァスクトゥ］頼んだ
　　　　　will not［ウィォ ナットゥ］～するつもりはない
　　　　　didn't tell［ディドゥン・テオ］言わなかった

(1) 私は彼に勉強するように言った。
___

(2) 私は彼に勉強しないように言った。
___

(3) 私は彼に勉強してくれるように頼んだ。
___

(4) 私は彼に勉強しないようにように頼んだ。
___

(5) 私は彼に勉強するように言うつもりはありません。
___

(6) 私は彼に勉強しろとは言わなかった。
___

解答

1
(1) **I told him to study.**
(2) **I told him not to study.**
(3) **I asked him to study.**
(4) **I asked him not to study.**
(5) **I will not tell him to study.**
(6) **I didn't tell him to study.**

12 動名詞 ＝ to 不定詞の名詞的用法

法則 79

不定詞の to swim は、動名詞の swimming と同じ意味で いずれも「泳ぐこと」を表す。

to＋動詞 または 動詞 ing にすることで、動詞を名詞にするはたらきがあります。日本語に直すと ～すること となります。

例えば、**swim**［スウィム］（泳ぐ）という動詞があるとします。この動詞の前に **to** をつけるか、動詞の後ろに **ing** をつけるとそれぞれ **to swim, swimming** となります。意味は 泳ぐこと、水泳 になります。

「私は泳ぐことが好きです。」
I like to swim.
＝**I like swimming.**

「泳ぐことはおもしろい。」
To swim is fun.
［トゥ スウィム］［ファンヌ］
＝**Swimming is fun.**
［スウィミン・］

これだけは覚えましょう

(1) 私にとって泳ぐこと　　for me to swim
(2) 私が泳ぐこと　　　　　my swimming

確認ドリル

1 ( ) に適当な単語を入れて、次の日本語を英語に直してください。

(1) 英語を話す　　　(　　　) (　　　)
(2) 英語を話すこと　(ア) (　　　) (　　　) (　　　)
　　　　　　　　　(イ) (　　　) (　　　)
(3) 泳ぐ　　　(　　　)
(4) 泳ぐこと　(ア) (　　　) (　　　)　(イ) (　　　)

2 次の日本語を英語に直してください。

(1) 私は英語を話すことが好きです。
　(ア) _____
　(イ) _____

(2) 泳ぐことはおもしろい。
　(ア) _____
　(イ) _____

(3) 私にとって泳ぐこと＝私が泳ぐこと
　(ア) _____
　(イ) _____

解答

1 (1) **speak English**
　(2) (ア) **to speak English**　(イ) **speaking English**
　(3) **swim**　(4) (ア) **to swim**　(イ) **swimming**

2 (1) (ア) **I like to speak English.**　(イ) **I like speaking English.**
　(2) (ア) **To swim is fun.**　(イ) **Swimming is fun.**
　(3) (ア) **for me to swim**　(イ) **my swimming**

13 動名詞

法則 80

「〜するのをやめる」「〜するのを終える」「〜するのを楽しむ」は、「stop＋動詞 ing」「finish＋動詞 ing」「enjoy＋動詞 ing」のように ing をとる。

英語では、動詞が2つ重なるときは、普通は **to** をとるのですが、**ing** をとるものもあります。次の3つの動詞の次には **ing** をとります。

- **stop** ［スタップ］　〜するのをやめる
- **finish** ［フィニッシ］　〜するのを終える
- **enjoy** ［インヂョーィ］〜をするのを楽しむ

ing をとる動詞はすでに〜しているものを、やめる、終える、楽しむのように考えることができるものばかりです。

(例)
泳ぐのをやめましょう。　**Let's stop swimming.**
　　　　　　　　　　　［レッツ　スタップ　スウィミン・］
泳ぐのを終えましょう。　**Let's finish swimming.**
泳ぐのを楽しみましょう。**Let's enjoy swimming.**

ここを間違える

たまに次のような例文を見かけることがあります。
Let's stop to smoke.
［レッツ　スタップ　トゥ　スモーゥク］

これは **stop** の次に **ing** がきていません。もし、**smoking** になっていると、たばこを吸っているのをやめるという意味になります。ところが、この場合は **to smoke** になっているので、たばこを吸うために立ち止まるという意味になります。つまり、この場合の **stop** は立ち止まるという意味なのです。

確認ドリル

1 次の日本語を英語にしてください。

ヒント　play［プレーィ］遊ぶ　swim［スウィム］泳ぐ
　　　　　Let's［レッツ］〜しましょう

(1) 遊ぶのをやめましょう。　＿＿＿＿＿＿＿＿＿＿＿＿＿＿＿
(2) 泳ぐのを終えましょう。　＿＿＿＿＿＿＿＿＿＿＿＿＿＿＿
(3) 泳ぐのを楽しみましょう。＿＿＿＿＿＿＿＿＿＿＿＿＿＿＿

2 次の英語を日本語に直してください。

ヒント　smoke［スモーゥク］たばこを吸う
　　　　　stop［スタップ］〜をやめる、立ち止まる
　　　　　play tennis［プレーィ　テニス］テニスをする

(1) **Let's stop smoking.**　　＿＿＿＿＿＿＿＿＿＿＿＿＿＿
(2) **Let's finish swimming.**　＿＿＿＿＿＿＿＿＿＿＿＿＿＿
(3) **Let's enjoy playing tennis.**　＿＿＿＿＿＿＿＿＿＿＿＿
(4) **Let's stop to smoke.**　　＿＿＿＿＿＿＿＿＿＿＿＿＿＿

解答

1 (1) **Let's stop playing.**　(2) **Let's finish swimming.**
　(3) **Let's enjoy swimming.**

2 (1) たばこを吸うのをやめましょう。　(2) 泳ぐのを終えましょう。
　(3) テニスをするのを楽しみましょう。
　(4) たばこを吸うために立ち止まりましょう。

ここが大切

　ing はもうすでにしているときに使い、**to** はまだしていないときに使います。

Part 7

受け身（受動態）がわかる
〈法則 81〜87〉

1 過去形と過去分詞形

> **法則 81**
>
> helped は、過去形は「助けた」の意味になり、過去分詞形では「助けられた」の意味で形容詞的なはたらきをする。

英語では、動詞に ed をつけると、過去形になると覚えていると思いますが、過去形だけでなく、過去分詞形にもなります。

過去分詞形は~されたという意味を表します。過去分詞形は形容詞的なはたらきをすると覚えておいてください。

次のように覚えておきましょう。

私は助けた。　　　**I helped.**
私は助けられた。　**I was helped.**

［アーィ　ヘオプトゥ］　［トーゥニ］
I helped　　　　　Tony.
私は助けた〈だれを〉トニー君

［アーィ　ワズ　ヘオプトゥ］　　　　［バーィ］　　　　　　［トーゥニ］
I was helped　　　　　　　by　　　　　　Tony.
私は助けられた〈だれによって〉よって〈だれに〉トニー君

ここが大切

「だれかに助けられた」のような言い方を英文法では、受け身または受動態と言います。

それに対して「だれかを助けた」のような言い方を能動態と言います。

確認ドリル

1 次の英語を日本語に直してください。

ヒント
- helped ［ヘオプトゥ］ 助けられた
- help ［ヘオプ］ ～を助ける　　by ［バーィ］ ～によって
- was helped ［ワズ　ヘオプトゥ］ 助けられた
- will ［ウィオ］ ～するつもり、～でしょう
- be helped ［ビー　ヘオプトゥ］ 助けられる
- didn't ［ディドゥントゥ］ なかった
- wasn't ［ワズントゥ］ なかった

(1) **I helped Tony.**　　_____
(2) **Tony was helped by me.**　_____
(3) **I help Tony.**　　_____
(4) **Tony is helped by me.**　_____
(5) **I will help Tony.**　　_____
(6) **Tony will be helped by me.**　_____
(7) **I didn't help Tony.**　_____
(8) **Tony wasn't helped by me.**　_____

解答

1
(1) 私はトニー君を助けた。
(2) トニー君は私によって助けられた。
(3) 私はトニー君を助ける。
(4) トニー君は私によって助けられる。
(5) 私はトニー君を助けるつもりです。
(6) トニー君は私によって助けられるでしょう。
(7) 私はトニー君を助けなかった。
(8) トニー君は私によって助けられなかった。

2 受け身（1）

> **法則 82**
>
> 受け身の文では、現在なら is, am, are, 過去なら was, were, 未来なら will be のあとに過去分詞形を置く。

　受け身の文を作りたいときは、現在のことなら is, am, are, 過去のことなら was, were, 未来のことなら will be を置いてから動詞の過去分詞形を置いてください。

　受け身のときに使う過去分詞形は、形容詞のはたらきをしているので〔am, was, will be〕＋過去分詞形にすることで正しい英文を作ることができます。

私は助けられる。	**I am helped.**
私は助けられた。	**I was helped.**
私は助けられるでしょう。	**I will be helped.**

　受け身の文の、疑問文も否定文も、普通の形容詞の入った文と同じ考え方で英語に直すことができます。
　次の表を利用してください。

	[肯定文（普通の文）]		[疑問文]	
現在	○	is, am, are	○	
過去	○	was, were	○	
未来	○	will	○	be

○のところに主語（～は）にあたる英語を入れてください。

(例)　私は助けられるでしょう。
　　　I will be helped.
　　　あなたは助けられるでしょうか。
　　　Will you be helped?

確認ドリル

1 次の表を使って英語に直してください。

	[肯定文（普通の文）]		[疑問文]	
現在	◯	is, am, are	◯	
過去	◯	was, were	◯	
未来	◯	will	◯	be

◯のところに主語（〜は）にあたる英語を入れてください。

(1) 私はトニー君に助けられた。

　　_____ **by Tony.**

(2) 私はトニー君に助けられる。

　　_____ **by Tony.**

(3) 私はトニー君に助けられるでしょう。

　　_____ **by Tony.**

(4) あなたはトニー君に助けられますか。

　　_____ **by Tony?**

(5) あなたはトニー君に助けられましたか。

　　_____ **by Tony?**

(6) あなたはトニー君に助けられるでしょうか。

　　_____ **by Tony?**

解答

1
(1) **I was helped**　　(2) **I am helped**
(3) **I will be helped**　　(4) **Are you helped**
(5) **Were you helped**　　(6) **Will you be helped**

Part 7　受け身（受動態）がわかる

3 受け身 (2)

法則 83

受け身の文で使われると前置詞、by（～によって）、to（～に）、in（～で）などがある。

受け身といっしょに使われる前置詞は **by** [バーィ]（～によって）、**to** [トゥ]（～に）、**in** [イン]（～で）などがあります。

- この机は壊された　　　　＋　　　　トニー君によって
  This desk was broken　+　　　by Tony.
  ［ずィス　デスク　ワズ　ブゥローゥクン］［バーィ　トーゥニ］
- 私は連れて行かれた＋　東京に　＋　私の父によって
  I was taken　　　+　to Tokyo　+　by my father.
  ［アーィ　ワズ　テーィクン］［トゥ　トーキョ］［バーィ　マーィ　ファーざァ］
- 私は招待された＋　　トニー君のパーティーに
  I was invited　+　　to Tony's party.
  ［アーィ　ワズ　インヴァーィティドゥ］［トゥ　トーゥニズ　パーティ］
- 英語は話されています＋　　カナダで
  English is spoken　+　　in Canada.
  ［イングリッシズ　スポーゥクン］［イン　キャナダ］
- この時計は作られた　　　＋　　　日本で
  This watch was made　+　　in Japan.
  ［ずィス　ワッチ　ワズ　メーィドゥ］［イン　ヂァペァンヌ］

ここが大切

- 私は連れて行かれた＋私の父によって＋東京に
  I was taken　　　by my father　　to Tokyo.
- 私は連れて行かれた＋東京に　　＋私の父によって
  I was taken　　　to Tokyo　　by my father.

　by my father が最後に来ると、他の人ではなく、私の父によってというような意味を表すことができます。

確認ドリル

1 （　）に適当な単語を入れて、日本語を英語に直してください。

(1) 英語はカナダで話されています。
　　ヒント　spoken［スポーゥクンヌ］　話されている
　　English is (　　　) (　　　) Canada.

(2) この時計は日本で作られた。
　　ヒント　made［メーィドゥ］　作られた
　　This watch was (　　　) (　　　) Japan.

(3) この机はトニー君によって壊された。
　　ヒント　broken［ブゥローゥクン］　壊された
　　This desk was (　　　) (　　　) Tony.

(4) 私はトニー君のパーティーに招待された。
　　ヒント　invited［インヴァーィティッドゥ］　招待された
　　I was (　　　) (　　　) Tony's party.

(5) 私は私の父によって東京に連れて行かれた。
　　ヒント　taken［テーィクン］　連れて行かれた
　　(ア) **I was (　　　) (　　　) my father (　　) Tokyo.**
　　(イ) **I was (　　　) (　　　) Tokyo (　　) my father.**

解答
1 (1) spoken in　(2) made in　(3) broken by　(4) invited to
　(5) (ア) taken by, to　(イ) taken to, by

4 疑問詞のある受け身（1）

> 法則84
>
> 「この時計はどこで作られましたか。」のような受け身の
> 疑問文は、「疑問詞＋疑問文？」で英語にすることができる。

次のような日本語は、「疑問詞＋疑問文？」で英語に直すことができます。

「この時計はどこで作られましたか。」
ヒント　watch［ワッチ］時計　　made［メーィドゥ］作られた
どこで＋　この時計は作られましたか。
Where　was this watch made?
［ウェアァ　ワズ　ずィス　ワッチ　メーィドゥ］

「この花は何と呼ばれていますか。」
ヒント　flower［フラーゥァ］花　　called［コーォドゥ］呼ばれた
何と＋　この花は呼ばれていますか。
What　is this flower called?
［ワッ・　イズ　ずィス　フラーゥァ　コーォドゥ］

「このイヌはどこで救助されたのですか。」
ヒント　dog［ドーッグ］イヌ　　saved［セーィヴドゥ］救助された
どこで＋　このイヌは救助されましたか。
Where　was this dog saved?
［ウェアァ　ワズ　ずィス　ドーッグ　セーィヴドゥ］

「この家はいつ建てられましたか。」
ヒント　house［ハーゥス］家　　built［ビオトゥ］建てられた
いつ＋　この家は建てられましたか。
When　was this house built?
［ウェン　ワズ　ずィス　ハーゥス　ビオトゥ］

確認ドリル

1 次の日本語を英語に直してください。

(1) この時計はどこで作られましたか。
　ヒント　watch［ワッチ］時計　　made［メーィドゥ］作られた
　　　　　　どこで＋この時計は作られましたか。

___

(2) この花は何と呼ばれていますか。
　ヒント　flower［フラーゥア］花　　called［コーオドゥ］呼ばれた
　　　　　　何と＋この花は呼ばれていますか。

___

(3) この家はいつ建てられましたか。
　ヒント　house［ハーゥス］家　　built［ビオトゥ］建てられた
　　　　　　いつ＋この家は建てられましたか。

___

(4) このイヌはいつ救助されましたか。
　ヒント　dog［ドーッグ］イヌ　　saved［セーィヴドゥ］救助された
　　　　　　いつ＋このイヌは救助されましたか。

___

解答

1 (1) **Where was this watch made?**
　(2) **What is this flower called?**
　(3) **When was this house built?**
　(4) **When was this dog saved?**

5 受け身 (3)

法則 85

「主語＋動詞＋名詞～」の英文の場合、
名詞からはじめて「(　)(　) by 主語 ～」
の文に言いかえることができる。

動詞＋名詞のとき、名詞からはじめて (　)(　) by と唱えましょう。(　) の前に will のような単語があるときは、will を置いてから (　)(　) by と唱えてください。

He helps me.
　(　)(　)　↓
　　　　　　　　I (　)(　) by him.
He will help me.
　　(　)(　)　↓
　　　　　　　　I will (　)(　) by him.

2つ目の (　) に過去分詞形を入れて、1つ目の (　) に be 動詞を入れてください。

He helps me.　　[現在の文]
　(　)(　)　↓
　　　　　　　　I (am)(helped) by him.
He helped me.　　[過去の文]
　(　)(　)　↓
　　　　　　　　I (was)(helped) by him.
He will help me.　[未来の文]
　　(　)(　)　↓
　　　　　　　　I will (be)(helped) by him.

ここが大切

help の変化がいつのことを表しているかによって、現在ならば am, 過去ならば was, 未来ならば be を入れてください。

確認ドリル

1 次の（　）に適当な英語を入れてください。

(1) **He helps me.**
　　（　）（　）↓
　　　　　I (　) (　) by him.

(2) **He helped me.**
　　（　）（　）↓
　　　　　I (　) (　) by him.

(3) **He will help me.**
　　（　）（　）↓
　　　　　I will (　) (　) by him.

2 文の最初にくる代名詞と by の次にくる代名詞を（　）に入れてください。

(1) 私　　　（　）―― 私によって　　　by (　)
(2) あなた　（　）―― あなたによって　by (　)
(3) 彼　　　（　）―― 彼によって　　　by (　)
(4) 彼女　　（　）―― 彼女によって　　by (　)
(5) 彼ら　　（　）―― 彼らによって　　by (　)
(6) 私たち　（　）―― 私たちによって　by (　)

解答

1 (1) am helped　(2) was helped　(3) be helped
2 (1) I, me　(2) you, you　(3) he, him
　　(4) she, her　(5) they, them　(6) we, us

Part 7　受け身(受動態)がわかる

6 受け身（4）

> 法則86
>
> 否定文と疑問文の能動態の文を受け身の文にするときは、まず、肯定の受け身の文を利用すればよい。

(1) **He doesn't help me.** （彼は私を助けない。）
(2) **Does he help me?** （彼は私を助けますか。）

このような英文を受け身にしたいときは、肯定文の受け身をまず作り、そして否定文や疑問文にするとよいのです。

まず肯定文（普通の文）にします。

(1) **He helps me.**
　　　（　）（　）
(2) **He helps me.**
　　　（　）（　）

(1)と(2)のどちらも受け身の文は **I (am) (helped) by him.**
最後に(1)を否定文、(2)を疑問文にします。

(1) （答え）**I am not helped by him.**
(2) （答え）**Am I helped by him?**

もう少し練習をしてみます。

(3) **He won't help me.** （彼は私を助けないでしょう。）
(4) **Will he help me?** （彼は私を助けるでしょうか。）

まず肯定文（普通の文）にします。

(3) **He will help me.**
　　　　（　）（　）
(4) **He will help me.**
　　　　（　）（　）

(3)と(4)のどちらも受け身の文は **I will be helped by him.**
最後に(3)を否定文、(4)を疑問文にします。

(3) （答え）**I won't be helped by him.**
(4) （答え）**Will I be helped by him?**

確認ドリル

1 次の能動態を受け身（受動態）にしてください。次の指示にしたがってください。

(1) **He didn't help me.**
   (ア) ［肯定文にする］ _____
   (イ) ［受け身にする］ _____
   (ウ) ［否定文にする］ _____

(2) **Did he help me?**
   (ア) ［肯定文にする］ _____
   (イ) ［受け身にする］ _____
   (ウ) ［疑問文にする］ _____

(3) **He will not help me.**
   (ア) ［肯定文にする］ _____
   (イ) ［受け身にする］ _____
   (ウ) ［否定文にする］ _____

解答

1 (1) (ア) **He helped me.** (イ) **I was helped by him.**
   (ウ) **I wasn't helped by him.**
(2) (ア) **He helped me.** (イ) **I was helped by him.**
   (ウ) **Was I helped by him?**
(3) (ア) **He will help me.** (イ) **I will be helped by him.**
   (ウ) **I won't be helped by him.**

7 疑問詞のある受け身（2）

法則 87

疑問詞のある疑問文を受け身の文にするときは、まず、肯定の受け身の文を疑問文にしてから疑問詞をつける。

疑問詞のついた疑問文は、次のように肯定文の受け身をまず作り、それを疑問文にしてから、最後に疑問詞をつけると、簡単に受け身の文を作ることができます。

「（あなたたちは）この花を何と呼びますか。」

What do you <u>call</u> this flower?
　　　　　　（　）（　）
　　　　　　This flower (is) (called) (by you).
　　　　Is this flower called (by you)?
What is this flower called (by you)?

「この花は（あなたたちによって）何と呼ばれていますか。」
（注）**by you** は省略するのが普通です。

「あなたはどこでこの少年を救助したのですか。」

Where did you <u>save</u> this boy?
　　　　　　（　）（　）
　　　　　　This boy (was) (saved) by you.
　　　　Was this boy saved by you?
Where was this boy saved by you?

「この少年はあなたによってどこで救助されたのですか。」

確認ドリル

1 次の指示にしたがい、次の英文を受け身にしてください。

(1) **What do you call this flower?**

　ヒント　call [コーオ] ～と呼ぶ
　　　　　called [コーオドゥ] ～と呼ばれる

　(ア) [肯定文にする]　_____
　(イ) [受け身にする]　_____
　(ウ) [疑問文にする]　_____
　(エ) [疑問詞をつける]　_____

(2) **Where did you save this dog?**

　ヒント　save [セーィヴ] ～を救助した
　　　　　saved [セーィヴドゥ] ～が救助された

　(ア) [肯定文にする]　_____
　(イ) [受け身にする]　_____
　(ウ) [疑問文にする]　_____
　(エ) [疑問詞をつける]　_____

解答

1 (1) (ア) **You call this flower.**
　　　(イ) **This flower is called (by you).**
　　　(ウ) **Is this flower called (by you)?**
　　　(エ) **What is this flower called (by you)?**
　(2) (ア) **You saved this dog.**
　　　(イ) **This dog was saved by you.**
　　　(ウ) **Was this dog saved by you?**
　　　(エ) **Where was this dog saved by you?**

Part 8

現在完了がわかる
〈法則 88〜92〉

1 現在完了（1）継続用法

法則 88

「**have＋過去分詞形**」で、過去の状態が今まで続いていることを表すことができる。

　現在のことを表す文と、過去のことを表す文を2つ足すと、過去から現在を表す英文にすることができます。
　このようなときに、**have**＋過去分詞形のパターンを使うのです。

　I am busy now. 　　　　（私は今いそがしい。）
＋**I was busy yesterday.**　（私は昨日いそがしかった。）

I　am　was　busy　now　yesterday.
　　↓　　　　　　　↓　　　↓
I　have　been　busy　since　yesterday.
　［ハヴ　ビン］［ビズィ］［スィンス］［イェスタデーィ］
（私は昨日からいそがしい。）

　now［ナーゥ］は今、という意味の単語なので、**since**［スィンス］も、〜から今までのように今までという意味がふくまれた単語になっています。
　am was busy をいそがしかった状態をもっていると考えて、**have been busy** となっているのです。

　このパターンで使えるのは、**be**動詞が英文にある場合、または状態を表している動詞が英文にある場合です。
　次の表を使うと便利です。

肯定文		疑問文	
○	**have**［**has**］	○	**been**＋形容詞［名詞］
○	**have**［**has**］	○	過去分詞形

○のところには、主語を入れてください。

確認ドリル

1 次の表を使って、日本文を英文に直してください。

肯定文		疑問文	
○	**have**	○	**been**＋形容詞［名詞］
○	**have**	○	過去分詞形

○のところに主語を入れてください。
疑問文のときは、**have**からはじめてください。

(1) 私は昨日からいそがしい。
   ヒント since yesterday［スィンス いェスタデーィ］ 昨日から
   busy［ビズィ］ いそがしい

___

(2) あなたは昨日からいそがしいですか。

___

(3) 私は去年から大阪に住んでいます。
   ヒント last year［レァスチャァ］ 去年
   lived in［リヴディン］ ～に住んでいた

___

(4) あなたは去年から大阪に住んでいますか。

___

解答

1 (1) **I have been busy since yesterday.**
   (2) **Have you been busy since yesterday?**
   (3) **I have lived in Osaka since last year.**
   (4) **Have you lived in Osaka since last year?**

2 現在完了（2）経験用法

> 法則 89
>
> 「**have＋過去分詞形**」で、過去の経験を表すことができる。

過去の経験を「**have**＋過去分詞形」を使って表すことができます。

これだけは覚えましょう

- **Have you ever been to Tokyo?**
  ［ハヴ ユー エヴァ ビン トゥ トーキョ］
  （あなたは今までに東京へ行ったことはありますか。）
- **Have you ever seen a lion?**
  ［ハヴ ユー エヴァ スィーナ ラーィアンヌ］
  （あなたは今までにライオンを見たことがありますか。）

相手にたずねたいときに **ever**［エヴァ］（今までに）を動詞の過去分詞形の前に入れてたずねることが多いようです。

ここを間違える

Have you ever been to Tokyo?
で、あなたは今までに東京へ行ったことがありますか。を表します。
　been to のかわりに **go** の過去分詞形を使って **gone to** にすることもできますが、中学や高校では、**been to** を習います。アメリカ英語では **gone to** もよく使われます。

ここが知りたい

（質問）　なぜ、**have gone to** を使わないのですか。
（答え）　良い質問ですね。
Tony has gone to Tokyo. のように I や You 以外の Tony のような英語がきているときは、**gone to Tokyo**（東京へ行った）そしてその状態を **has**（もっている）と考えることができることから、トニー君は東京へ行っている。という意味になるからです。

確認ドリル

1 次の日本語を英語に直してください。

(1) あなたは今までにすしを食べたことがありますか。
　ヒント　ever［エヴァ］今までに　　sushi［スーシ］すし
　　　　　　eaten［イートゥン］「〜を食べる」の過去分詞形

_____

(2) あなたは今までにライオンを見たことがありますか。
　ヒント　seen［スィーンヌ］「〜を見る」の過去分詞形
　　　　　　a lion［ア　ラーィアンヌ］ライオン

_____

(3) あなたは今までに東京へ行ったことはありますか。
　ヒント　have been to［ハヴ　ビン　トゥ］〜へ行ったことがある

_____

(4) トニー君は東京へ行ったことがある。

_____

(5) トニー君は東京へ行ってしまっています。
　ヒント　has gone to［ハズ　ゴーン　トゥ］〜へ行ってしまっている

_____

解答
1 (1) **Have you ever eaten sushi?**
　(2) **Have you ever seen a lion?**
　(3) **Have you ever been to Tokyo?**
　(4) **Tony has been to Tokyo.**
　(5) **Tony has gone to Tokyo.**

3 現在完了（3）完了と結果用法

> **法則 90**
>
> 「have [just, already] ＋過去分詞形」で、「ちょうど〜したところ」「もうすでに〜しました」を表すことができる。

have just＋過去分詞形で、　　ちょうど〜したところ
have already＋過去分詞形で、もうすでに〜しました

　この2つのパターンは決まり文句なので、このまま覚えてください。

I have just read this book.　（私はちょうどこの本を読んだところです。）
　　　［ヂァストゥ］［ゥレッドゥ］

I have already read this book.　（私はもうすでにこの本を読みました。）
　　　　［オーゥレディ］

ここを間違える

　read ［ゥリードゥ］は、〜を読む、という意味の単語ですが、過去形と過去分詞形は **read** ［ゥレッドゥ］と読みます。

これだけは覚えましょう

・あなたはもうこの本を読みましたか。
　Have you read this book yet?
　　　　　　　　　　　　　　　［ぃェットゥ］
・あなたはもうこの本を読んだのですか。　［驚きを表したいとき］
　Have you read this book already?

確認ドリル

1 ( ) に適当な単語を入れて、次の日本語を英語に直してください。

ヒント　eaten［イートゥン］「〜を食べる」の過去分詞形
　　　　　breakfast［ブゥレクフェァストゥ］　朝食

(1) 私はちょうどこの本を読んだところです。
　　I have （　　　） read this book.
(2) 私はもうすでにこの本を読みました。
　　I have （　　　） read this book.
(3) 私は朝食をちょうどとったところです。
　　I have （　　　）（　　　） breakfast.
(4) 私は朝食をもうとりました。
　　I have （　　　）（　　　） breakfast.
(5) あなたはもう朝食をとりましたか。
　　（　　　） you （　　　） breakfast （　　　）?
(6) あなたはもう朝食をとったのですか。
　　（　　　） you （　　　） breakfast （　　　）?

解答

1 (1) just　(2) already　(3) just eaten　(4) already eaten
(5) Have, eaten, yet　(6) Have, eaten, already

ここが大切

私はもうすでにこの本を読み終えました。

I have already finished reading this book.

のように、終えるという動詞の **finished** を使うと、読むという動詞の **ing** 形を使わなければなりません。

4 現在完了の疑問文

法則91

yet は、疑問文の最後にきていると「もう」、否定文で
not ～ yet になると「まだ～していない」を表す。

疑問文の最後に yet がきているともう、not yet になっているとまだ～していないを表します。

これだけは覚えましょう

- あなたはもうこの本を読みましたか。
  Have you read this book yet?
- 私はまだこの本を読んでいません。
  I have not read this book yet.

ここが大切

(1) 感情が入っているときは、yet のかわりに already，not yet のかわりに still not を使います。

Have you read this book already?
（あなたはもうこの本を読んでしまったのですか。）
I still haven't read this book.
［スティオ］［ヘァヴントゥ］
（私はまだこの本を読んでしまっていないんですよ。）

(2) yet は、現在完了形の文だけではなく、普通の疑問文でも使うことができます。

Is the bank open yet?
（もう銀行は開いていますか。）

[発音]　bank［ベァンク］銀行　　open［オーゥプンョ］開いている

確認ドリル

1 ( ) に適当な単語を入れて、次の日本文を英文に直してください。

(1) あなたはもうこの本を読みましたか。
   Have you read this book (　　　)?
(2) あなたはもうこの本を読んでしまったのですか。
   Have you read this book (　　　)?
(3) 私はまだこの本を読んでいません。
   I (　　　) read this book (　　　).
(4) 私はまだこの本を読んでしまっていないんですよ。
   I (　　　) (　　　) read this book.
(5) 銀行はもう開いていますか。
   Is the bank open (　　　)?

解答

1 (1) yet　(2) already　(3) haven't, yet
(4) still haven't　(5) yet

これだけは覚えましょう

(1) still [スティオ] はまだという意味でよく使います。
   The bank is still open.
   「銀行はまだ開いています。」
(2) **"Have you eaten breakfast yet?"**
   「もう朝食をとりましたか。」
   "Not yet." (＝ **No, I haven't eaten it yet.**)
   「まだです。」

5 「~になった」を表す結果用法

> **法則 92**
> 「~になった」は、過去のことなら became［ビ**ケー**ィム］、
> 今もしているなら have become［ビ**カ**ム］を使う。

<u>~になった</u>。という日本語を英語に直すときは、過去のことしかふれていなければ **became**，今もしているならば **have become** を使うとよいのです。

これだけは覚えましょう

「トニー君は先生になった。」

Tony <u>became</u> a teacher.　　　　［今のことはまったくわからない］
　　　［ビ**ケー**ィム］

トニー君は先生になった。

Tony <u>has become</u> a teacher.　　［今も先生をしている場合］
　　　［ハズ　ビ**カ**ム］

このように考えると次のようなことも表せます。
「私は時計を失った。」

1. **I <u>have lost</u> my watch.**　　　［今もない］
2. **I <u>lost</u> my watch.**　　　　　［今は新しい時計を買った］

ここが大切

have＋過去分詞形のパターンを使うことで、
(1) <u>継続</u>、(2) <u>経験</u>、(3) <u>完了</u>、(4) <u>結果</u>
の４つの意味を表すことができます。

　それにあてはまっているかは別に問題ではありません。時と場合によって、あなたが<u>継続</u>のつもりで話した英語が<u>経験</u>を表していると相手が理解することもありうるからです。

確認ドリル

1 次の日本語を英語に直してください。

(1) トニー君は先生になって、今も先生をしています。
　ヒント　become［ビカム］「～になる」の過去分詞形

_____

(2) トニー君は先生になった。（今のことはわかりません）
　ヒント　became［ビケーィム］　～になった

_____

(3) 私は私の時計を失ったままです。
　ヒント　lost［ローストゥ］　失った

_____

(4) 私は私の時計を失った。（新しいものを買った）

_____

解答

1 (1) **Tony has become a teacher.**　(2) **Tony became a teacher.**
　(3) **I have lost my watch.**　(4) **I lost my watch.**

これだけは覚えましょう

- **I have been to Tokyo.**　（私は東京へ行ったことがあります。）
- **I have just been to Tokyo.**　（私はちょうど東京へ行ってきたところです。）
- **Where have you been?**　（どこへ行っていたの。）
- **How have you been?**　（いかがお過ごしですか。）

Part 9

関係代名詞がわかる
〈法則93〜100〉

1 関係代名詞 (1) 主格

> **法則 93**
>
> かたまりを英語に直すとき、"人"を表しているときは
> 関係代名詞の who を使う。

<u>英語を話すことができるあの少年</u>　［かたまり］
というかたまりがあるとします。この日本語を英語に直したいときは、まずこのかたまりが表している説明文を作ってください。

<u>あの少年は英語を話すことができる。</u>　［文］
　次に、これを英語に直します。
That boy can speak English.
　次に **That boy** の次に下線を引き、その部分を日本語に直します。
That boy <u>can speak English</u>.
　　　　　　　　英語を話すことができる

　次にどんな疑問が生まれるかを考えます。
　英語を話すことができる〈だれが〉
〈だれが〉という疑問が生まれたところに **who** を入れます。
That boy 〈だれが〉 can speak English.
　　　　　　　↓
that boy <u>who</u> can speak English
　この場合の **who** は<u>どんな少年</u>という意味があると考えてください。

　まとめると次のようになります。
<u>that boy</u>　<u>who</u>　　　<u>can speak English</u>
あの少年　〈どんな少年〉　英語を話すことができる

<u>英語を話すことができるあの少年</u>　　　　［かたまり］
that boy who can speak English　　　［かたまり］
が同じ意味になることがわかるのです。

確認ドリル

1 次の指示にしたがって、日本語を英語に直してください。

(1) 英語を話すことができるあの少年
　(ア)［文にする］　_____
　(イ)［英語に直す］　_____
　(ウ)［who を入れる］　_____
　(エ)［日本語に直す］　_____

(2) あなたを好きなあの少年
　(ア)［文にする］　_____
　(イ)［英語に直す］　_____
　(ウ)［who を入れる］　_____
　(エ)［日本語に直す］　_____

解答

1 (1) (ア) あの少年は英語を話すことができる。
　　　(イ) **That boy can speak English.**
　　　(ウ) **that boy who can speak English**
　　　(エ) 英語を話すことができるあの少年
　(2) (ア) あの少年はあなたを好きです。
　　　(イ) **That boy likes you.**
　　　(ウ) **that boy who likes you**
　　　(エ) あなたを好きなあの少年

ここが大切

文をかたまりにするときは、最初の大文字を小文字にしてください。

(例)　**That boy can run.** → **that boy who can run**

2 関係代名詞（2）所有格

法則 94

「～の」の入った文をかたまりにして英語に直したいとき、
's のかわりに関係代名詞 whose を使う。

「～の」の入った文をかたまりにしたいときは、's のかわりに **whose** を使うと文をかたまりにすることができます。

（例）
黒い髪のあの少年　［かたまり］
　このかたまりをあの少年からはじまる文にします。
あの少年の髪は黒い。　　　［文］
　この日本文を英文にします。
That boy's hair is black.　［文］
　次に **That　boy** の次から最後まで下線を引きます。そして日本語に直します。
That boy's hair is black.
　　　　　　　　の髪は黒い

　ここでどんな疑問が生まれるのかを考えます。
〈だれの〉という疑問が生まれるので **That boy** の次の **'s** を消して **whose** を入れます。すると、文をかたまりにすることができます。
that boy whose hair is black
　これを日本語に直します。
whose のところで〈どんな〉という疑問が生まれます。

［**ゼァッ・ボーィ　フーズ　ヘァァ　イズ　ブレァック**］

that boy	**whose hair is black**
あの少年	〈どんな〉　髪が黒い

　黒い髪のあの少年となることから正しい英文を作ることができたことがわかります。

確認ドリル

1 次の日本文を、指示にしたがって英語に直してください。

(1) 黒い髪のあの少年
   ヒント hair［ヘァァ］髪　black［ブレァック］黒い

   (ア) ［文にする］　　　　　　　＿＿＿＿＿＿＿＿＿＿＿＿＿＿＿
   (イ) ［英語に直す］　　　　　　＿＿＿＿＿＿＿＿＿＿＿＿＿＿＿
   (ウ) ［'s を消して whose にする］＿＿＿＿＿＿＿＿＿＿＿＿＿＿＿
   (エ) ［日本語に直す］　　　　　＿＿＿＿＿＿＿＿＿＿＿＿＿＿＿

(2) 大きい目のあの少年
   ヒント big［ビッグ］大きい　eyes［アーィズ］両目

   (ア) ［文にする］　　　　　　　＿＿＿＿＿＿＿＿＿＿＿＿＿＿＿
   (イ) ［英語に直す］　　　　　　＿＿＿＿＿＿＿＿＿＿＿＿＿＿＿
   (ウ) ［'s を消して whose にする］＿＿＿＿＿＿＿＿＿＿＿＿＿＿＿
   (エ) ［日本語に直す］　　　　　＿＿＿＿＿＿＿＿＿＿＿＿＿＿＿

解答

1 (1) (ア) あの少年の髪は黒い。　(イ) **That boy's hair is black.**
　　　(ウ) **that boy whose hair is black**　(エ) 黒い髪のあの少年
　(2) (ア) あの少年の目は大きい。　(イ) **That boy's eyes are big.**
　　　(ウ) **that boy whose eyes are big**　(エ) 大きい目のあの少年

これだけは覚えましょう

- **legs**　［レッグズ］両脚
- **arms**　［アームズ］両手
- **blue**　［ブルー］青い
- **long**　［ローン・］長い
- **short**　［ショートゥ］短い
- **brown**　［ブゥラーゥンヌ］茶色の

3 関係代名詞 (3) 目的格

> **法則 95**
>
> かたまりの中に「私が」のようなことばがあるときは、
> 文を作るのが無理なので、関係代名詞 whom を使う。

<u>私が</u>知っているあの少年、のようにだれだれ<u>が</u>のようなことばが入っているときは、あの少年の次に **whom** を置いてから<u>だれがどうする</u>を置くと正しい英語にすることができます。

（私が知っている）あの少年

（　　）のところが説明になっています。<u>私が</u>という日本語が入っている文は、あの少年からはじまる文にすることはできません。このようなときは英語にする方法が２つあります。

[１つ目の方法]

That boy <u>whom</u> <u>I know</u>
　　　　　　　　　だれがどうする

　that boy の次に文を作るのが無理と考えて **whom** を置いてから、だれがどうするを置けばよいのです。

[２つ目の方法]

　<u>が</u>を<u>は</u>にして文にします。
<u>私が</u>知っているあの少年　→　<u>私は</u>あの少年を知っています。

I know that boy.

　that boy からはじめる文に変化させます。

that boy I know

　I know に下線を引いて日本語に直します。

that boy <u>I know</u>
　　　　　　　私が知っています

　どんな疑問が生まれるかを考えます。〈だれを〉という疑問が生まれるので、**whom** を **that boy** の次に入れます。

（答え）　**that boy whom I know** と **that boy I know**

確認ドリル

1 次の指示にしたがって日本文を英文に直してください。

(1) 私が知っているあの少年
　(ア) ［がをはにかえた日本文にする］　＿＿＿＿＿＿＿＿＿＿＿＿＿
　(イ) ［英文にする］　＿＿＿＿＿＿＿＿＿＿＿＿＿
　(ウ) ［**that boy** からはじまる英文にする］　＿＿＿＿＿＿＿＿＿＿＿＿＿
　(エ) ［**that boy** の次に **whom** を入れる］　＿＿＿＿＿＿＿＿＿＿＿＿＿
　(オ) ［日本文に直す］　＿＿＿＿＿＿＿＿＿＿＿＿＿

(2) 私が昨日出会ったその少年
　ヒント　met［メットゥ］　〜に出会った
　　　　　　yesterday［ィェスタデーィ］　昨日

　(ア) ［がをはにかえた日本文にする］　＿＿＿＿＿＿＿＿＿＿＿＿＿
　(イ) ［英文にする］　＿＿＿＿＿＿＿＿＿＿＿＿＿
　(ウ) ［**the boy** からはじまる英文にする］　＿＿＿＿＿＿＿＿＿＿＿＿＿
　(エ) ［**the boy** の次に **whom** を入れる］　＿＿＿＿＿＿＿＿＿＿＿＿＿
　(オ) ［日本文に直す］　＿＿＿＿＿＿＿＿＿＿＿＿＿

解答

1 (1) (ア) 私はあの少年を知っています。　(イ) **I know that boy.**
　　　(ウ) **that boy I know**　(エ) **that boy whom I know**
　　　(オ) 私が知っているあの少年
　(2) (ア) 私は昨日その少年に出会った。　(イ) **I met the boy yesterday.**
　　　(ウ) **the boy I met yesterday**
　　　(エ) **the boy whom I met yesterday**
　　　(オ) 私が昨日出会ったその少年

4 関係代名詞（4）人／物の場合

> **法則 96**
>
> 文をかたまりにするとき、"人"の場合には who, whose, whom を、"物、動物"のときは which, whose を使う。

　文をかたまりにするとき、人の場合は、**who, whose, whom,** 物や動物の時は **which, whose** を使います。

これだけは覚えましょう

〈だれが〉という疑問が生まれるときは	who
〈何が〉　という疑問が生まれるときは	which
〈だれの〉〈何の〉という疑問が生まれるときは	whose
〈だれを〉という疑問が生まれるときは	whom
〈何を〉　という疑問が生まれるときは	which

　次の（　）に適当な関係代名詞を入れてみることにします。
　（　）の次の下線のところを日本語にします。そして、どんな疑問が生まれるかを考えます。

that boy (　) can run
　　　　　　走ることができる　〈だれが〉なので　who
that boy (　) name is Tony
　　　　　　名前はトニー　　　〈だれの〉なので　whose
that boy (　) I know
　　　　　　私が知っている　　〈だれを〉なので　whom
that dog (　) is running
　　　　　　走っている　　　　〈何が〉なので　which
that dog (　) name is Rex
　　　　　　名前はレックス　　〈何の〉なので　whose
that dog (　) I have
　　　　　　私は飼っている　　〈何を〉なので　which

214

確認ドリル

1 関係代名詞を選んだ理由を(b)に、(a)の（　）に関係代名詞を入れてください。

(1) (a) **that boy (　　　) can speak English**
　　(b) （理由）＿＿＿＿＿＿＿＿＿＿＿＿＿＿＿＿＿＿

(2) (a) **that boy (　　　) I like**
　　(b) （理由）＿＿＿＿＿＿＿＿＿＿＿＿＿＿＿＿＿＿

(3) (a) **that boy (　　　) hair is black**
　　(b) （理由）＿＿＿＿＿＿＿＿＿＿＿＿＿＿＿＿＿＿

(4) (a) **that dog (　　　) is swimming**
　　(b) （理由）＿＿＿＿＿＿＿＿＿＿＿＿＿＿＿＿＿＿

(5) (a) **that dog (　　　) hair is black**
　　(b) （理由）＿＿＿＿＿＿＿＿＿＿＿＿＿＿＿＿＿＿

(6) (a) **that dog (　　　) I know**
　　(b) （理由）＿＿＿＿＿＿＿＿＿＿＿＿＿＿＿＿＿＿

解答

1 (1) (a) **who**　　(b) 英語を話すことができる〈だれが〉なので **who**
　　(2) (a) **whom**　(b) 私が好きです〈だれを〉なので **whom**
　　(3) (a) **whose**　(b) 髪は黒い〈だれの〉なので **whose**
　　(4) (a) **which**　(b) 泳いでいる〈何が〉なので **which**
　　(5) (a) **whose**　(b) 髪は黒い〈何の〉なので **whose**
　　(6) (a) **which**　(b) 私が知っている〈何を〉なので **which**

〈長沢式　うらわざ〉

〔人を表す関係代名詞を見やぶる方法〕

（　）の前と後ろを見て、普通の文になるときは　**who**
（　）にのを入れて意味が成り立ったときは　**whose**
（　）の前と後ろを見て、文を作るのが<u>無理</u>なときは　**whom**

5 関係代名詞 (5) that

> **法則 97**
>
> **all**(すべて)または **the only**(1つしかない)という意味を表すときは、関係代名詞 **that** を使って表すことができる。

[関係代名詞の that の用法　1]

all the money(すべてのお金)、**the only money**(唯一のお金)
[オーオ　ザ　マニ]　　　　　　　[ズィ　オーゥンリ　マニ]

the first boy(最初の少年)、　**the last boy**(最後の少年)
[ザ　ファ～ストゥ　ボーィ]　　　[ザ　レァストゥ　ボーィ]

the tallest boy(一番背が高い少年)
[ザ　トーリストゥ　ボーィ]

のように、すべてまたは1つしかないを表すときに、**who** や **which** のかわりに関係代名詞の **that** を使った方がよいと学校英語では教えていますが、実際には **who** や **which** も使うことができます。

[関係代名詞の that の用法　2]

　人と動物の次に関係代名詞を置きたいときは、**who** や **which** を使わずに **that** を使います。

[関係代名詞の that の用法　3]

　who，whom，which のかわりに **that** を使うこともできます。

これだけは覚えましょう

- **This is all the money that I have now.**
  (これは今、私がもっているすべてのお金です。)
- **This is the only money that I have now.**
  (これは今、私がもっている唯一のお金です。)
- **Tony is the first boy that came here.**
  (トニー君は、ここに来た最初の少年です。)

確認ドリル

1 次の( )に適当な言葉を入れてください。

すべてのお金　= (ア)(　　　) the money
唯一のお金　= (イ)(　　　)(　　　) money
最初の少年　= (ウ)(　　　)(　　　) boy
最後の少年　= (エ)(　　　)(　　　) boy
一番背が高い少年　= (オ)(　　　)(　　　) boy
トニー君と彼のイヌ　= (カ) Tony and (　　　) dog

のような英語の次に関係代名詞がくるときは(キ)(　　　)、whom、(ク)(　　　)を使わずに(ケ)(　　　)を使うことができます。

2 次の( )の中に適当な単語を入れて、日本文を英文にしてください。

(ア) これは<u>今、私がもっているすべてのお金</u>です。
　　This is (　　　)(　　　)(　　　)(　　　) I have now.
(イ) これは<u>今、私がもっている唯一のお金</u>です。
　　This is (　　　)(　　　)(　　　)(　　　) I have now.
(ウ) トニー君は、<u>ここに来た最初の少年</u>です。
　　Tony is (　　　)(　　　)(　　　)(　　　) came here.

解答
1 (ア) all　(イ) the only　(ウ) the first　(エ) the last
　(オ) the tallest　(カ) his　(キ) who　(ク) which　(ケ) that
2 (ア) all the money that　(イ) the only money that
　(ウ) the first boy that

Part 9　関係代名詞がわかる

6 現在分詞形と過去分詞形の形容詞的用法

> **法則 98**
>
> that boy の説明が 1 単語のときには that (1) boy,
> 説明が 2 単語以上のときには that boy (2) のように、
> (1) (2) の部分に英語を入れればよい。

(A) (走っている) あの少年
(B) (あそこで走っている) あの少年

このような日本語のかたまりがあるとき、あの少年の説明が 1 単語であるときは that (1) boy、2 単語以上のときは that boy (2) の数字のところに英語を入れると正しい英語にすることができます。

(A)は、説明のところが（走っている）という単語 1 単語なので、that (1) boy の法則にあてはめて、**that running boy**

(B)は、説明のところが（あそこで走っている）のようになっていて、2 単語以上の英語がくるので、that boy (2) の法則にあてはめて、**that boy running over there**

ここが大切

説明のところにくる単語は、<u>～している</u>または<u>～された</u>を表す動詞の変化形が多いのです。この場合の動詞の ing 形（～している）や、動詞の過去分詞形（～された）は、形容詞のはたらきをしています。

- （救助された）このイヌ   this (saved) dog
- （あそこで救助された）このイヌ   this dog (saved over there)

これだけは覚えましょう

- 話されている英語   **spoken English**   ［スポークニングリッシ］
- 書かれている英語   **written English**   ［ウリトゥニングリッシ］
- 油であげられたチキン   **fried chicken**   ［フゥラーイドゥ　チキンヌ］

確認ドリル

1 次の法則を使って英語に直してください。

［法則］ **that**(1) **boy**(2)

(1) 英語を話しているあの少年
　ヒント　speaking English ［スピーキン・イングリッシ］　英語を話している

_____

(2) 話しているあの少年

_____

(3) あの話している少年

_____

(4) 救助されたこのイヌ
　ヒント　saved ［セーィヴドゥ］　救助された

_____

(5) トニー君によって救助されたこのイヌ
　ヒント　by Tony ［バーィ　トーゥニ］　トニー君によって

_____

解答

1 (1) **that boy speaking English**　(2) **that speaking boy**
　(3) **that speaking boy**　(4) **this saved dog**
　(5) **this dog saved by Tony**

7 関係代名詞の省略

> **法則 99**
>
> 関係代名詞が省略できるのは、関係代名詞の前後が文にならないときと、who is, which is を省略しても意味がわかるときである。

　関係代名詞が省略できるのは、関係代名詞の前後が文にならない時と、**who is** と **which is** を省略しても意味がわかる場合だけだと覚えておくとよいでしょう。

　例をいくつかあげてみます。

[関係代名詞の前後が文にならない場合]
- **that boy** whom **I know**（私が知っているあの少年）
  あの少年・私となり、文にならないので **whom** を省略することができます。つまり **that boy I know**（私が知っているあの少年）
- **this dog** which **I have**（私が飼っているこのイヌ）
  このイヌ・私となり、文にならないので **which** を省略することができます。つまり **this dog I have**（私が飼っているこのイヌ）

[who is, which is を省略しても意味がわかる場合]
that boy who is speaking English　（英語を話しているあの少年）
= that boy speaking English　　　（英語を話しているあの少年）
that dog which was saved by Tony
　　　　　　　　　　　　（トニー君によって救助されたあのイヌ）
= that dog saved by Tony　（トニー君によって救助されたあのイヌ）

[関係代名詞の前後が文にならない場合と省略しても意味がわかる場合の that]
all the money that I have　　（私がもっているすべてのお金）
= all the money I have　　　（私がもっているすべてのお金）
the only money that I have　（私がもっている唯一のお金）
= the only money I have　　（私がもっている唯一のお金）

確認ドリル

1 次の関係代名詞は省略できますか。
できるものには○、できないものには×をつけてください。ただし、**who is, which is** が省略できるものには△をつけてください。

(1) あなたを知っているあの少年
　　that boy <u>who</u> knows you
　　　　　[　]

(2) あなたが知っているあの少年
　　that boy <u>whom</u> you know
　　　　　[　]

(3) あそこで走っているあの少年
　　that boy <u>who is</u> running over there
　　　　　[　]

(4) トニー君によって救助されたあのイヌ
　　that dog <u>which was</u> saved by Tony
　　　　　[　　]

(5) あそこで泳いでいるあのイヌ
　　that dog <u>which is</u> swimming over there
　　　　　[　　]

(6) 私が飼っているあのイヌ
　　that dog <u>which</u> I have
　　　　　[　　]

解答

1 (1) ×　(2) ○　(3) △　(4) △　(5) △　(6) ○

8 関係代名詞を使った英文の作り方

法則 100

日本文を英文に直すとき、まず大きいかたまりの部分を「A」と置いてから英語に直し、あとから A の部分を英語に直すとよい。

「私はあなたが好きなあの少年を知っていますよ。」
　このような日本文があるとき、日本文の中にある<u>大きいかたまり</u>を **A** と置いてから、英文に直します。

　　私は<u>あなたが好きなあの少年</u>を知っています。
　　　　　　　　　　A
⇒私は **A** を知っています。　　**I know A.**
　次に **A** の部分を英語にします。
　<u>あなたが好きなあの少年</u>
　<u>が</u>があるので、<u>は</u>にして日本文を作ります。
⇒<u>あなた</u>は<u>あの少年</u>を好きです。

　次に英語に直します。
⇒**You like that boy.**
　次に **that boy** からはじまる英語を書きます。
⇒**that boy <u>you like</u>**
　下線のところにどんな疑問が生まれるかを考えます。
　あなたは好きです〈だれを〉という疑問が生まれるので、**whom** を **that boy** の次に入れます。
⇒**that boy whom you like**
　そして最後にこれを **I know A** の、**A** のところに入れます。
（答え）　**I know that boy whom you like.**
　　　　　I know that boy you like.

確認ドリル

1 次の日本語を、指示にしたがって英語に直してください。

(1) 英語を話しているあの少年はトニー君です。

 (ア) [かたまりに下線を引く] ＿＿＿＿＿＿＿＿＿＿＿＿＿＿＿
 (イ) [かたまりを **A** と置く] ＿＿＿＿＿＿＿＿＿＿＿＿＿＿＿
 (ウ) [英語に直す] ＿＿＿＿＿＿＿＿＿＿＿＿＿＿＿
 (エ) [**A** の部分を英語に直す] ＿＿＿＿＿＿＿＿＿＿＿＿＿＿＿
 (オ) [**A** のところに英語を入れる] ＿＿＿＿＿＿＿＿＿＿＿＿＿＿＿

(2) 私は黒い髪をしているあの少年が好きです。
 ヒント has black hair [ヘァズ ブレァック ヘァァ] 黒い髪をしている

 (ア) [かたまりに下線を引く] ＿＿＿＿＿＿＿＿＿＿＿＿＿＿＿
 (イ) [かたまりを **A** と置く] ＿＿＿＿＿＿＿＿＿＿＿＿＿＿＿
 (ウ) [英語に直す] ＿＿＿＿＿＿＿＿＿＿＿＿＿＿＿
 (エ) [**A** の部分を英語に直す] ＿＿＿＿＿＿＿＿＿＿＿＿＿＿＿
 (オ) [**A** のところに英語を入れる] ＿＿＿＿＿＿＿＿＿＿＿＿＿＿＿

解答

1 (1) (ア) <u>英語を話しているあの少年</u>はトニー君です。
 (イ) **A** はトニー君です。　(ウ) **A is Tony.**
 (エ) **that boy who is speaking English**
 (オ) **That boy (who is) speaking English is Tony.**
(2) (ア) 私は<u>黒い髪をしているあの少年</u>が好きです。
 (イ) 私は **A** が好きです。
 (ウ) **I like A.**
 (エ) **that boy who has black hair**
 (オ) **I like that boy who has black hair.**

Part 9 関係代名詞がわかる

● **著者略歴**

長沢寿夫（ながさわ　としお）

1980年、ブックスおがた書店のすすめで、川西、池田、伊丹地区の家庭教師を始める。

1981年〜1984年、教え方の研究のために、塾、英会話学院、個人教授などで約30人の先生について英語を習う。その結果、やはり自分で教え方を開発しなければならないと思い、長沢式勉強法を考え出す。

1986年、旺文社『ハイトップ英和辞典』の執筆・校正の協力の依頼を受ける。

1992年、旺文社『ハイトップ和英辞典』の執筆・校正のほとんどを手がける。

主な著書
『中学3年分の英語が3週間でマスターできる本』、『中学・高校6年分の英語が3週間でわかる本』、『CD BOOK 中学英語の基本のところが24時間でマスターできる本』『CD BOOK 中学3年分の英語が21時間でマスターできる本』『CD BOOK 高校英語の基本のところが24時間でマスターできる本』『長沢先生！英語のここがわかりません』（以上、明日香出版社）
『とことんわかりやすく解説した中学3年分の英語』『とことんわかりやすく解説した高校3年分の英語』
(以上、ベレ出版)

校正協力
丸橋一広
和田薫
池上悟朗
荻野沙弥

本書の内容に関するお問い合わせ
明日香出版社　編集部
☎(03)5395-7651

中学3年分の英文法が10日間で身につく＜コツと法則＞

2009年 8月14日　初版発行 2016年 2月12日　第41刷発行	著　者　　長　沢　寿　夫 発行者　　石　野　栄　一

〒112-0005　東京都文京区水道2-11-5
電話　(03) 5395-7650（代表）
　　　 (03) 5395-7654（FAX）
郵便振替 00150-6-183481
http://www.asuka-g.co.jp

明日香出版社

■スタッフ■　編集　早川朋子／久松圭祐／藤田知子／古川創一／余田志保／大久保遥
　　　　　　営業　小林勝／奥本達哉／浜田充弘／渡辺久夫／平戸基之／野口優／
　　　　　　　　　横尾一樹／田中裕也／関山美保子　総務経理　藤本さやか

印刷　美研プリンティング株式会社
製本　根本製本株式会社
ISBN978-4-7569-1320-3　C2082

乱丁本・落丁本はお取り替えいたします。
© Toshio Nagasawa 2009 Printed in Japan
編集担当　石塚　幸子